五邑拾“遗”

《五邑拾“遗”》编写组 / 编著

南方日报出版社
NANFANG DAILY PRESS
中国·广州

图书在版编目（CIP）数据

五邑拾“遗”/《五邑拾“遗”》编写组编著. --广州 : 南方日报出版社, 2023.11
ISBN 978-7-5491-2734-4

Ⅰ. ①五… Ⅱ. ①五… Ⅲ. ①非物质文化遗产—介绍—江门 Ⅳ. ①G127.65

中国国家版本馆CIP数据核字（2023）第170759号

WUYI SHI YI

五邑拾“遗”

编　　著：《五邑拾“遗”》编写组
出版发行：南方日报出版社
地　　址：广州市广州大道中289号
出 版 人：周山丹
责任编辑：方　明　黄子旸
责任校对：阮昌汉　熊丽思
封面设计：邓晓童
版式设计：劳华义
责任技编：王　兰
经　　销：全国新华书店
印　　刷：广州市尚铭印刷股份有限公司
开　　本：889 mm×1194 mm　1/32
印　　张：8
字　　数：263千字
版　　次：2023年11月第1版
印　　次：2023年11月第1次印刷
定　　价：55.00元

投稿热线：（020）87360640　　读者热线：（020）87363865

前　言

江海浩瀚，山脉连绵；人杰地灵，大儒传世；钟灵毓秀，文脉悠长……

江门人文荟萃一堂，侨乡文化多姿多彩，2023年，江门成功创建了广东省侨乡文化（江门）生态保护区。千百年来，勤劳睿智的五邑先辈，不仅解决了生计活口之困，还在精神文化领域锐意开拓，创造出开平碉楼与村落、侨批档案（海外华侨银信）等种类繁多、风格独特、丰富多彩的物质文化遗产，更为后人累积了传统音乐、舞蹈、戏剧、曲艺、美术、技艺和民间文学、习俗等众多珍贵的非物质文化遗产宝藏，使灿烂夺目的侨乡文化更为熠熠生辉。

五邑非遗，从江河中孕育，在土壤中生长，脱胎于五邑人的秉性，拓印出五邑先辈们奋斗不息的足迹。每一项五邑非遗，都被烙上鲜明的五邑个性印记。

五邑地区江海共存，濒临南海，西江、潭江等水系交织，舟来楫往，市井繁荣。五邑文化因水而生、向海而兴，不少传统文化与“水”脉脉相通——如龙舟、舞龙、打龙船等，从最初的祈福活动演变为海外乡亲认祖归宗的文化纽带，根深叶茂；以舟楫为家的疍家人创作的咸水歌，从偏僻的河湾唱到珠江入海口，源远流长……

五邑地区沃野千里、地貌多样，既有沙田平原，也有丘陵群山。有乡野山间恣意生长的茅草、地质运动造就的茶坑石，还有依靠于耕种、养殖的杜阮凉瓜、鹤山茶叶、新会柑、冲蒌冬瓜、马冈鹅等丰富物产。五邑先辈通过巧思妙想，利用它们创造出了白沙茅龙笔制作、茶坑石雕刻技艺、新会陈皮炮制、台山海宴冬蓉制作、罗氏柑普茶制作、鹤山红茶制作、马冈鹅繁育等传统技艺。

五邑人乐善好义，开放兼容。蔡李佛拳、咏春拳、外海太虚拳、麻二佛家拳、周家拳等，成就了五邑武术之乡的美名，这是五邑人骨子里的英勇果敢；中药炮制技艺、蔡李佛医药、马氏中医推拿按摩，这是五邑人的医者仁心；鹤山狮艺等五邑“绝活”流行于世界各国，这是五邑人的大度和开放。

有海水的地方就有五邑人。五邑非遗，扎根泥土，汇入江河，奔流入海，跟随着五邑海外乡亲的足迹，涌向世界各地，架起一座座横跨大洋的“桥”。如若在海外华侨的饭桌上品尝到开平腐乳、古劳面豉酱，不必诧异，早在19世纪末20世纪初，五邑先辈下南洋、闯欧美，这些千百年来承袭下来的习惯，也跟随着他们的足迹远走异国他乡，成为五邑父老和海外乡亲共同的记忆和文化基因。

五邑非遗，虽地方色彩浓郁，却早已跳脱地域的禁锢：咏春风靡全球，享誉世界，全球习咏春者达数百万之众，为中国传统文化走向世界开疆拓境；发源于古井镇的古井烧鹅，是粤菜烧鹅的鼻祖，驰名粤港澳，蜚声全国，茅龙笔的创制，开创了茅龙书法艺术，自成一格，影响深远，在全国乃至日本、东南亚、澳大利亚都得到广泛的流传、推崇……

五邑非遗的形成短则数百年，长则上千年，随着社会经济的发展和城市化进程的推进，很多产生于农耕、渔业社会环境的非遗项目，面临着传承人老龄化、民间绝活传承难、市场化推广难、宣传普及难等困境。近年来，江门通过非遗展馆建设、非遗进校园、文创开发、展示展演平台搭建、打造特色非遗活动、培育非遗传承人后继力量等举措，让五邑非遗“活起来”“火起来”，助力乡村振兴焕发生机活力。2022年底，江门市已有各级非物质文化遗产代表性项目231个，其中国家级项目8个，省级项目26个，地市级项目92个，县（市、区）级非遗项目更是多达105个。

如果五邑非遗是一本书，读之愈久，便觉“邑”味深长；品之弥深，方知“邑”犹未尽。五邑非遗，纸上得来终觉浅，不妨调动“五觉”（视觉、听觉、味觉、触觉、嗅觉）来江门亲身体验——到古井烧鹅一条街，尝一尝南宋御厨留下的烧鹅手艺；去蓬江街头，感受“接汉疑星落，依楼似月悬”的良宵美景；正月十三日，在泮村乡瑰丽的彩灯下，许下平安美好的愿景；待到草长莺飞、柳绿花繁，再到浮石村看一场盛大的飘色，和“穆桂英”“赵子龙”“花木兰”等传奇人物，一起游遍全村十坊……

目录

第一章　视觉

第二章　听觉

第三章　味觉

第四章 触觉

第五章　嗅觉

第一章　视觉

五感中的“形”所对应的视觉，是人类最重要也最直接的感官，视觉不仅可以感知外界物体的大小、明暗、颜色、动静，更是人类认知、探索世界的一把“钥匙”。

在非遗的世界里，视觉上的冲击总是令人赏心悦目：蔡李佛拳，气势磅礴，刚柔相济；荷塘纱龙，腾跃九霄，流光溢彩；茅龙笔书法，腾蛟起凤，刚劲有力；泮村灯会，锦绣交辉，彩旗摇曳……这些都是非遗在视觉上的美学表现，直接且富有冲击力。而视觉在大脑中重塑的过程，构成了人类的记忆，在历史的长河中，让非遗这笔弥足珍贵的财富，得以更好地“存档”。

〉〉〉2008年入选国家级非遗代表性项目

蔡李佛拳：招式恰如飞禽猛兽　气势如虹扬名全球

新会京梅村，村内有一条名为"出神入化"的巷子，总能让游客们流连忘返。这条以蔡李佛元素打造的巷子，藏身于村内的一片岭南老宅之中，置身于此，仿若穿越到了功夫世界，让人情不自禁地模仿起墙上的招式，扎起马步蓄力打起拳，让人觉得仿佛走完这条巷子，就可以学成出师了。

在巷口处，墙壁上绘有蔡李佛象形拳和五音标识，每一招象形拳都有着与之相呼应的龙、蛇、虎、豹、鹤等动物形态，栩栩如生，气势如虹。往巷内走，墙壁上，"吊马双穿手""四平马扬桥""四平马插槌"等蔡李佛拳法以壁画、浮雕的形式呈现，像一部立体的武功秘籍，一招一式跃然巷内。学上三招两式，怎能不检验一下

成果？在巷子深处，还设有木人桩、橡胶人，在这里过过招，更能切身领会蔡李佛文化的魅力。

2008年6月7日，蔡李佛拳被列入第二批国家级非物质文化遗产名录。蔡李佛拳省级代表性传承人陈忠杰介绍，蔡李佛拳由新会区崖门镇京梅村陈享始创。陈享7岁跟随族叔陈远护学佛家拳，15岁时向新会的李友山学李家拳，19岁至29岁，向罗浮山隐居还俗高僧蔡福学艺。1836年，回到家乡设洪圣馆的陈享集蔡、李、陈等三家掌法、腿技、拳术之长，创出刚柔相济、攻防兼备的武术训练体系。为报答三位师傅的培育之恩，陈享便把这门拳法取名为“蔡李佛”，京梅村也被全世界数百万蔡李佛拳弟子奉为发源地。

“饮水思源乃蔡李佛之本，锲而不舍乃蔡李佛精神”。陈享始创蔡李佛拳，不以其姓或名来显耀于世，而以恩师姓氏命名，并以武术动作招式的巧妙编排纪念恩师。创立蔡李佛拳后，陈享不秘技自珍，打破姓氏门派之限，在新会各地设立武馆授徒，并派弟子前往广西等地传艺。随后，陈享足迹遍及东南亚、北美各地，蔡李佛拳也随之在世界各地落地生根。而今蔡李佛成为享誉全球的武术流派，全世界超过50个国家和地区都设有蔡李佛功夫总会或联会，习练者超过300万人，在国际武术传播上有“北有太极，南有蔡李佛”之说。

陈忠杰介绍，蔡李佛拳术体系庞大，气势磅礴，刚柔相济，有“南拳北派化”之称。从初级、中级到高级拥有超过40套拳术套路，包括梅花拳、象形拳、八卦拳、十字拳等，还有上百套器械套路、拳术及器械对拆、桩法等。此外，蔡李佛拳还讲究发声与动作的配合，蔡李佛拳体系里有龙、蛇、虎、豹、鹤等象形拳，以模拟五类动物或图腾的象形和特性编创而成，并以噫（龙形）、哈（蛇形）、挖（虎形）、嘀（豹

形）、叶（鹤形）五音分别标识，蔡李佛拳门人演武时要求发声以助威，发声以助势，达至声势凌厉的效果。

除了蔡李佛出神入化巷，在京梅村还有蔡李佛始祖馆、蔡李佛武术文化广场、蔡李佛青少年训练馆、陈享故居等围绕蔡李佛建设的景点，吸引了大量游客和武术爱好者前来参观；京梅村还举办了蔡李佛拳始祖陈享诞辰日、国际狮王争霸赛、蔡李佛国际武术交流活动等国际性大型节庆活动，吸引了海内外蔡李佛弟子、武术爱好者来寻根朝圣。

作为蔡李佛拳省级代表性传承人，陈忠杰除了教授年轻人之外，还将蔡李佛拳带进了学校。如今新会习蔡李佛拳者有上千人之众，蔡李佛拳走进了当地十多所学校，这也令陈忠杰颇感欣慰。

〉〉〉2007 年入选省级非遗代表性项目

咏春拳：梁赞先生开宗立派　咏春圣地享誉全球

咏春拳始于严咏春，衍于梁赞，传承了百余年。梁赞（1825—1894），原名梁德荣，鹤山古劳人，一生钟情武学，尽得咏春拳奥秘，在佛山开宗立派，世人誉为“咏春拳王”“佛山赞先生”。梁赞晚年回到鹤山古劳，将自己毕生武艺浓缩成精华，创立鹤山偏身咏春拳，精简提炼成十二路散手拳法，现活跃于佛山、鹤山、香港乃至世界各地的咏春拳传人，皆出自其门下，各门各派公认赞先生为师祖，鹤山也因此成为“咏春圣地”。

梁赞的第三代传人叶问在香港设馆授徒，扬威国际的功夫影帝李小龙就是他的弟子。叶问的另一个弟子梁挺创办的国际咏春拳总会在60多个国家和地区设立机构，分会

达4000多个。

目前全球范围内习咏春者达数百万之众，咏春拳成为世界流行最广的武艺之一。很多海外人士专程前来古劳"追踪溯源"，深入领悟咏春拳的奥秘。

咏春拳第五代传人冯家辉，十岁随父冯根珠（第四代传人）习武，在海外居住期间，致力于咏春拳在海外的传播。2010年冯家辉回到家乡古劳，开设家庭武馆教授咏春，传承至今，鹤山咏春拳已有六代传人，形成"老中青"的传承梯队，也涌现出侯德贤、秦卫杰、侯英强等一批杰出代表。他们积极推介咏春文化，教出众多德才兼备的徒弟，在全国乃至国际性武术比赛中屡获大奖。

由咏春拳改编而来的"咏春操"，已走进鹤山61间中小学，"咏春进校园"已成为"咏春在校园"。咏春拳体现止戈为武、谦恭平和的武德，展现刚柔相融、自强不息、持之以恒的精神，成为历代鹤山人宝贵的精神财富。

〉〉〉2009 年入选市级非遗代表性项目

外海太虚拳：
曾只在清皇宫秘传　与太极拳同源异流

太虚拳为武当内家拳种，与太极拳同源异流，主要流传于江海区外海街道及新会区一带。

太虚拳有着深远的历史渊源，相传它由武当道士张三丰所创，后传到张松溪、邱元靖；清朝雍正年间传入皇宫内，之后在皇宫内秘传，经历乾隆、嘉庆、道光、咸丰年代，再由咸丰之皇叔传给伍德文之祖伍荣羽；后经伍荣羽传至伍文兆，再传伍学卫，再传至伍德文，数代家传。

因太虚拳为清朝皇室拳种，伍氏秘不外传。新中国成立前，只传给同乡陈允功、陈湛新、陈永池、陈湛铨等人。新中国成立后伍德文先生有感于国运康泰，人民体育运动蓬勃发展，遂把历代家内秘传的太虚拳奉献于世，并推广至广州、香港、澳门、台湾等地，当时太虚拳有“北太极，南太虚”之美誉；而如今，在日本、德国、英国、加拿大、澳大利亚、美国等地都有太虚拳的传承人，太虚拳成为中华民族传统文化之瑰宝和对外交流的名片。

太虚拳分为一路和二路。一路为慢拳，二路为接近于搏击的快拳。太虚拳动作以体松柔和为主，每一动作均以圆圈动转，连环不断。

2019年起，江门在全市范围内开展“侨乡武术进校园”系列活动，弘扬侨乡武术文化，推进文化强市建设，推广外海太虚拳是重点之一。外海太虚拳协会在外海中心小学、江南小学两所学校义务开展太虚拳教学。

〉〉〉2017年入选市级非遗代表性项目

佛家拳：源自佛门以气催力　独创七十二个套路

佛家拳的渊源可以推溯到明末清初，这种拳属南派功夫，其拳力刚猛，击打技术和方式独特，在搏击实战中很有功效。

佛家拳的创始人是梁天柱（1877—1972），他原是广西岑溪人，南少林佛家拳一代宗师，我国著名的武术大师。他自幼习武，长大后云游四海拜师学艺，经过刻苦磨炼，综合了蔡家、李家、佛家、洪家、刘家拳等南方拳种的精华，独创出十八罗汉、小八仙、小连环、太子剑、八仙过海、猛虎下山、蛇形刁手等72个套路，自成一家。

1939年秋，梁天柱来到五邑地区，在台山大江陈边圩开设武馆，前后教徒6000余人，自此，佛家拳根植台山地区，并在五邑地区生根发芽。由于这些拳法、套路源自佛门，梁天柱和弟子们决定把这套拳法命名为"佛家拳"。不过，由于武术界源于佛门的拳术众多，为了区分，人们常常把梁天柱的这一套佛家拳称为"南派佛家拳"。

南派佛家拳以以柔克刚为总则，基本击法主要有：拳法、掌法、手法、踭法、指法、膝法、脚法、步法、擒拿摔法。那个时代，台山一带土匪众多，当地人纷纷聘请武林高手保护生命和财产安全，这使梁天柱及其弟子们的佛家拳大有用武之地。

习练南派佛家拳，通过以意使气、以气催力的功诀，能调理阴阳，起到增强体质、延年益寿的效果。

〉〉〉2017 年入选市级非遗代表性项目

棠下白眉拳：
集各家之长内外兼修　练就寸寸肌身轻如燕

江门棠下白眉拳属南拳类，以"劲"为基础。有拳诗曰：内家拳白眉，练就寸寸肌，双眼炯炯明，身轻燕子飞。

白眉拳在棠下兴盛要从明朝说起。明朝末年武将朱国畴避难到河南嵩山少林寺落发为僧，法号赤眉。赤眉的众多弟子中，著名的有五个：五枚、白眉、至善、冯道德及苗显。艺成后，五人分道扬镳，各自发展。

白眉辗转多个地方后，终于在四川峨眉山隐居下来，潜心修行，形成了"白眉拳"。除了白眉曾传艺两广总督高进忠外，为免武技误传歹人，白眉门下的弟子只在庙宇内秘密传习。至20世纪初，才由第三代衣钵传人竺法云将武功传给俗家张礼泉。张礼泉传夏汉雄，夏汉雄征得张礼泉同意后传胡沛（1905—1995）。

胡沛，蓬江区棠下镇良溪大亨村人。张礼泉见胡沛勤学不辍，品端守礼，大为赞赏，亲自指导，胡俱得张、夏两宗师的倾囊真传。1950年，胡沛回棠下务农，在乡里传授白眉拳并开设跌打医馆，再传给胡平安、汤志海、胡海英、陈炳祥、胡玲国、胡满堂等人。

棠下白眉拳集各家之长，内外兼修，主要拳法有直步、铁环、石狮、三门、四门、五行、六合、地煞、九步推、十八摩、三连、猛虎出林等，器械套路有单刀、双刀、梅花枪、双头枪、九子连环刀、蔡阳刀、双头棍、大耙、七星大阵棍、回环双钩等。

〉〉〉2013年入选市级非遗代表性项目

周家拳：刚劲沉雄攻防兼顾　锄头板凳都可入拳

周家拳为外家拳种，属洪拳类别，为洪拳分支，讲求先发制人，马步扎实，拳法刚劲沉雄，桥手灵活，攻防兼顾。主要拳种有虎豹拳、万字拳、虎鹤双形拳；器械有八卦棍、公孙棍、梅花双刀，还不乏生活中常见之物，如锄头、板凳、镰刀等。

周家拳创于清末民初，创始人周龙祖籍江门市蓬江区棠下镇沙富村。周龙少年时期跟叔父周雄学习洪拳，后又拜肇庆蔡九公学蔡家拳，因此将洪、蔡两家拳法融会贯通，自成一家，创出周家拳，由周协、周彪、周海、周田四兄弟发扬光大。兄弟五人被南粤武林界誉为“周家五虎”，享誉一个世纪。因为拳法以洪拳开始，以蔡家拳收尾，所以当时岭南武林又称此拳种为“洪头蔡尾”。

自周龙创立周家拳后，拳法迅速在珠江三角洲传习，至1933年周家拳已设立分馆80余间，与广东“洪、刘、蔡、李、莫”五大拳并驾齐驱，不相伯仲。现在周家拳各分会馆遍及新加坡、德国、波兰、美国、加拿大、澳大利亚、马来西亚、英国等30多个国家和地区，分馆90多间。现有周家五虎之一——周田后裔（周家拳唯一嫡传人）周宝洪在江门市蓬江区棠下镇观莲村教授周家拳武术，为进一步繁荣祖国武术事业、发展体育活动、增强人民体质做出贡献。

〉〉〉2022 年入选市级非遗代表性项目

南派佛家拳：
以柔克刚自成一家　既能防身又具美感

南派佛家拳由中国武术名师梁天柱（1877—1972）所创，源于广西岑溪，经不断发展，已覆盖到广西苍梧、藤县、柳州，广东广州、中山、江门、东莞、罗定等地。

梁天柱师从邱龙光、梁少荘，精通洪家、蔡家及各派武功。独创有十八罗汉、猛虎下山等若干拳法套路，飞龙虎棍、双刀等各种兵器武术套路，练得一身过硬的武功本领，在中国武林自成一家，有“两广铁人”之称。

江门是南派佛家拳重要的传承发展地区。江门市蓬江区南派佛家拳传承人尹保林，是新会杜阮木朗乡人，他得梁天柱的真传，内功深厚，精通医术，20世纪50至80年代教出的弟子超3000人。

尹保林选用十八罗汉、猛虎下山、飞龙虎棍、单刀、双刀、九节软鞭等实战性强、易学易精的传统拳械套路，并根据形势发展的需要，将南派佛家拳的精华重新组合，创编“双飞蝴蝶及散打搏击练手”。

南派佛家拳现有拳术21套，器械类26套，对拆类3套，内养功法3套，桩功类练习法3套；有代表性拳法16种，掌法18种，手法23种，踭法15种，指法9种，膝法8种，脚法18种，步法14种，擒拿摔法16种。

南派佛家拳凝结二十字诀（吞、吐、浮、沉、绵、软、巧、脆、子午身形、阴、阳、顺、逆、擒、拿、放、打），以以柔克刚为总则，以圈圆掌开合为源，以子午身法为基，以五法为本，以八字为纲，既有健体、防身的积极意义，又有观赏价值。

〉〉〉2022年入选市级非遗代表性项目

麻二佛家拳：
五个马步为基本步法　灵活多变刚柔兼备

麻二佛家拳源于福建南少林。传说康熙火烧南少林后，僧人们四处逃散，躲避于闽粤交界名叫王寿山的大山里，以振武之名进行反清复明活动。江海区麻二佛家拳以四平马、丁字马、吊提马、女字马和骑梁马五个马步为基本步法，基本动作由捆、及、消、打的手法和基本马步构成。拳种灵活多变，手法精准，借力打力，刚柔兼备。从1963年开始，麻二振武馆重新恢复招生授徒，短短几年时间，学员已过百人，鼎盛时期麻二村曾出现“全民皆兵”的高涨习武热情。改革开放后，人民的生活越来越好，20世纪90年代起，麻二振武馆每逢暑假、寒假都会开办武术培训班，培训新生，并组织学员参加各类传统武术比赛、晚会等活动，将传统文化手把手传承下去。

〉〉〉2021 年入选市级非遗代表性项目

蔡李佛拳（蓬江雄胜蔡李佛拳）：灵活稳健攻防配合 刚中带柔气势磅礴

蔡李佛拳（蓬江雄胜蔡李佛拳）来源于陈享开创的蔡李佛拳，其传承一脉两支：一支是蔡李佛第三代传人陈长毛，另一支是蔡李佛第三代传人吕盛。

陈长毛（1862—1953），江门白沙庙前里（俗称陈屋）人，12岁时随陈享学艺，为陈享的关门弟子。1882年陈长毛随陈官伯二祖开馆授徒，后创立雄胜蔡李佛拳馆，1936年随着馆务日益壮大，更名为“四邑雄胜总馆”。陈长毛毕生致力于武术教育事业，桃李满门。

蔡李佛拳派第三代传人吕盛乃二祖高徒，于1916年设立江门四邑雄胜吕总馆，1947年初交付给儿子吕逸荣，并担任总馆长。吕逸荣得父真传，后传艺给刘钜铭，雄胜蔡李佛拳得以在蓬江、新会一带继续发扬光大。

蓬江雄胜蔡李佛拳套路繁多，灵活稳健，着重攻防配合，发劲刚中带柔，动作舒展大方，拳路气势磅礴。讲究发声与动作的配合，以声助威，以声助势。是很好的自卫防身武术和强身健体方式。

蓬江雄胜蔡李佛拳在经历数代人传承之后，在江门蓬江扎下根脉，开枝散叶。数十年来，在领头人刘钜铭的不懈努力下，先后成立江门市蔡李佛武术协会、江门市蓬江区蔡李佛武术协会。蓬江雄胜蔡李佛拳得以有序传承、发展壮大，对陈享蔡李佛拳的保护传承、丰富陈享蔡李佛拳武术文化内容有着积极而深远的意义。

〉〉〉2021 年入选县（市、区）级非遗代表性项目

广式散打：踢打摔结合见招拆招　与岭南武术相伴相生

广式散打是中国武术散打的一个流派分支，经过上百年格斗对抗实践和理论完善，现为中国武术散打冠军——徐吉福所传承，入选蓬江区第七批区级非物质文化遗产名录。

广式散打利用古传散手主要的技法——打、踢、拿、跌、摔等，还有肘膝等技法，又结合现代散打中常见的直拳、摆拳、抄拳、鞭拳、鞭腿、蹬腿等技法，组成踢、打、摔相结合的攻防技术，达到见招拆招的效果。

广式散打与岭南武术相伴相生，是中华民族传统文化的有机组成部分和形象符号，影响遍布几十个国家和地区，是广东武术史上传播最广泛的形式之一。

〉〉〉2021 年入选县（市、区）级非遗代表性项目

赵传杨氏太极拳（江门）：柔和缓慢舒展大方　即可防身又可健体

杨氏太极拳是太极拳的重要流派之一，起源于清朝末年，180多年来历久不衰，其始创者为杨禄禅（1799—1874）。杨氏太极拳由杨禄禅从河北永年带到京城，在民国期间传至广东等地，先后经其子孙三代研习和传承。

杨氏太极拳具有柔和缓慢、舒展大方、速度缓匀、劲在内涵、含而不露的特点。此拳一出，在京津一带影响很大，学者日众。杨氏太极拳适应面广，兼得自卫防身和强身健体之功效，因此被民众作为延年益寿、陶冶情操的有效手段，在江门蓬江扎下根脉，有序传承，开枝散叶。保护和传承杨氏太极拳，对进一步丰富其传统武术文化内容有着积极而深远的意义。

〉〉〉2021 年入选县（市、区）级非遗代表性项目

洪拳：拳法为主刚劲有力 步稳势烈以声助威

洪拳属于中国传统拳术，是南派拳术代表之一，现在广为流行的洪拳以黄飞鸿所传之洪拳为主。洪拳的特点是以拳法为主，腿法比较少，步稳势烈，硬桥硬马，刚劲有力，以声助威。

洪拳在台山传承发展近30年，主要功夫有工字伏虎拳、虎鹤双形拳、五形拳、洪家牛骨扇、铁环功等。洪拳在传承中不仅教授武术，还讲究武德文化，培养习武者高尚的道德情操。近年来，洪拳逐渐以“武术进校园”的形式得到推广，让青少年在了解和学习传统文化的同时强身健体，并发扬武德精神，立志保家卫国。

〉〉〉2021 年入选县（市、区）级非遗代表性项目

雷仁生飞龙虎棍：吸收棍术拳术精华 常将攻守连为一势

雷仁生1907年生于台山一个世代书香之家，自幼习武。飞龙虎棍首先由东北棍师江德传至广州，雷仁生在广州跟随江德学习多年，尽得其棍法之秘。雷仁生经过几十年的深入钻研，将南北派多家的棍术、拳术的精华吸收融合进飞龙虎棍中，从理论上和技法上充实并发展了飞龙虎棍，形成了雷仁生棍法。

雷仁生棍法的独特之处是兼有杨家枪法的特点，以变化紧迫为主，步法、身形与手法变化灵活，刚柔并用，攻守连为一势。雷仁生曾在广州、台山和美国等地传播其拳术及棍术，20世纪70年代撰写出版了《飞龙虎棍：雷仁生棍法》一书，广为传播。

〉〉〉2019 年入选县（市、区）级非遗代表性项目

梁家拳：先学德后练拳　拳术器械兼备

梁家拳起源于清末民初时期，由广西人梁天柱（1877—1972）所创。1937—1939年梁天柱来到江门教授武艺，弟子逾千人。

梁天柱去世后，其长子梁铁汉、弟子李盘等在蓬江地区继续传承梁家拳，门人弟子逾两万人。朱耀雄自幼跟随梁铁汉等人学习梁家拳，技艺精湛，在蓬江区长堤广场设立江门梁家拳总会，肩负起传承和弘扬梁家拳的重任。

梁家拳套式有拳术、棍术、刀术、枪术、凳术、鞭术等技艺，拳术刚中有柔、以柔制刚。梁家拳注重武德武礼，要求先学德后练拳，是传统南拳中独树一帜的功夫。

〉〉〉2008 年入选国家级非遗代表性项目

龙舞（荷塘纱龙）：纱龙舞动千姿百态　腾跃九霄绚烂多彩

即便是身处广东见惯了舞龙的“名场面”，初见荷塘纱龙的人，仍然会惊叹于它腾跃九霄的气势和流光溢彩的绚烂。荷塘纱龙技艺舞姿变化多样，舞龙时点燃蜡烛，舞动时烛光闪闪，蜿蜒数十米；时而盘旋昂首，似欲冲霄而去，时而翻滚腾挪，像要下海寻珠；飞跃行云，栩栩如生，千姿百态，变化多端。

荷塘纱龙是起源于蓬江区荷塘镇篁湾村的古老民间艺术，以工艺精湛、表演花式多样、技巧难度大和普及程度高而闻名。篁湾村荷塘纱龙协会负责人李锦初介绍，荷塘早在宋代就开始舞龙，但当时“龙”的制作非常简单，主要是用禾秆草、竹子等材料制作，农民舞龙也只用于天旱时祈雨。

到了明代，荷塘篁湾举人李唐佐在四川为官时，对当地乡民耍龙灯很感兴趣，他回

乡后以四川的龙灯为参考，发挥本地“游龙”壮大的形象优势，融合四川“彩龙”玲珑活泼的特长，扎成“纱龙灯”。舞技则取四川“彩龙”的滚、缠、盘等动作特色，赋予“纱龙舞”矫健威武、花式灵活多变的特点，从此正式开启了荷塘纱龙的历史，传承至今已有500多年。

20世纪20年代，荷塘乡民李育颖提议将荷塘纱龙进行改进。由此，龙身开始披薄纱，以红、黄绸作鳞，红、绿绸作裙，贴金绘彩，色彩瑰丽，玲珑剔透，轻巧灵活；同时，为了提高纱龙晚上表演的效果，龙身内点燃防风、防滴的特制蜡烛，舞起来烛光闪耀。居高临下观看，大有“展翅欲凌三级浪，昂首直上九重天”之气概。

李锦初介绍，荷塘纱龙全长50多米，共26节，一般每轮26人舞龙，另有1人舞龙珠、2人舞鲤鱼、4人打敲击乐。主要动作套路有“企龙”“单龙门”“双龙门”“戏珠”“戏水”“走龙桥”等20多种，讲究动作敏捷轻盈、变化迅速。“单是龙头就有近20斤，每一节大概10斤重，整套龙舞约需一个半小时，一般情况下由百来号人分三批接力表演，交替时不歇舞、不乱阵，保持整套动作的完整流畅，观众们甚至察觉不到中途换人。”

据说荷塘纱龙是一条水龙，因此“戏水”套路别具特色：在表演中假设场地是一潭碧水，龙头可在水面映照，并吸水在自己身上舔洗，鲤鱼则在旁跳来跳去，舞龙头者吸一口清水朝空中喷出，顷刻间流光溢彩；荷塘河涌纵横，鱼塘星罗棋布，也孕育出了“舞龙桥”的精彩表演——在鱼塘中搭一座板桥，中间设一平台，纱龙登桥表演时，桥上的龙和倒映在水中的龙相映成趣，呈现出“岸上龙出海，水中出火龙”的壮观景象。

在篁湾村荷塘纱龙展览馆，有图文记录着荷塘纱龙的精彩表演：如1928年新宁铁路兴办人陈宜禧先生铜像揭幕，荷塘纱龙应邀赴台山六村表演；1932年，荷塘纱龙赴上海参加文化艺术交流；1959年参加广州举办的新中国成立十周年大庆并进行表演；2004年参加（江门）侨乡华人嘉年华大巡游活动……每到一处，荷塘纱龙均收获诸多赞誉。

李锦初坦言，此前荷塘纱龙的传承遇到了不少困难。懂套路和扎作纱龙的老师傅很多年事已高，有的甚至卧病在床，再让他们舞龙已经不可能。而年轻人外出工作，在家练习舞龙的时间不多，荷塘纱龙技艺存在失传的危险，因此有志之士才聚在一起成立纱龙协会。

“目前协会能舞纱龙的人有140人左右，不少老人家也会舞，虽然体力跟不上，但每次训练他们都会到场指导。下一步我们计划将舞龙套路和纱龙扎作技艺用影像记录下来，便于荷塘纱龙更好地传承。”李锦初介绍，作为荷塘纱龙的发源地，江门市蓬江区通过进校园、讲故事、演技艺等方式，让孩子们学舞龙、扎龙，使这项珍贵的文化遗产得以传承并发扬光大。

〉〉〉2013 年入选省级非遗代表性项目

陈山香火龙习俗：百米长龙舞动夜色　万支香火点亮全村

“起龙！”指挥者高声喊道，百余舞龙者齐声回应“嗨！起！”，全场灯光熄灭，爆竹齐鸣，锣鼓喧天，整条龙被香火勾勒得轮廓分明，在夜色中活灵活现地舞了起来。

这便是鹤山陈山香火龙习俗，每年农历八月下旬一连举行三晚。陈山香火龙没有固定做好的龙，而是每年临舞龙前才造龙，用大竹筒扎龙头、龙身骨架，再用山草和蕉树皮等包扎。龙头长约5米，龙尾长约6米，龙身全长约80—100米。

陈山香火龙习俗是包括造龙、香火汇龙、沾龙气、大巡游、盘龙表演、收龙、饮龙酒等环节仪式的群众性民俗活动。第一晚在村内的仲华李公祠（今鹤山新蕾学校）举行“起龙”仪式，村民将手中点燃的香均匀插在长龙身上，俗称“沾龙气”。

最热闹的要数巡行。队伍前面，由百余名儿童组成彩灯队为前导，各人手持一盏纸扎的彩灯，如鲤鱼灯、飞机灯等等，接着是锣鼓队和引龙人，引龙人手持龙珠在火龙前面引导，队伍浩浩荡荡，经过家门前时，家家都燃放爆竹迎接。第三晚巡游完后，将火龙一举浸入鱼塘，这叫“放龙入海”。舞龙结束后，全村男女老少、亲戚朋友还会团聚在一起“饮龙酒”。

陈山香火龙习俗文化活动，源于唐朝名将西平王李晟用“火龙阵”大败叛逆朱泚、佐兴中唐的历史故事，后由李晟的后裔于南宋咸淳年间从中原经江西辗转传入鹤山陈山村李族聚居区，至今已数百年。

〉〉〉2007年入选市级非遗代表性项目

双水蕉树龙：舞遍全村巷道 祈愿安居乐业

在广东，很多地方都有在地藏王诞的晚上舞蕉树龙的习俗。而新会区双水镇岭头蕉树龙活动的规模则格外盛大。

双水镇岭头蕉树龙活动始于清朝，一直延续至今，已有二三百年的历史。每到农历七月，这里经常遭遇台风引发的严重水灾，村民种植的蕉树受到水浸，损失惨重。面对自然灾害，岭头村的乡亲父老为寻找心理寄托，便利用被浸的蕉树制作蕉树龙，于农历七月的最后一天——地藏王诞日，启动蕉树龙舞。

在活动举行当天，双水镇岭头村村民以小组为单位，早早地集中在一起，然后开始制作蕉树龙，傍晚时分蕉树龙便可启动。蕉树龙长短不一，短的由45人左右舞动，长的由150多人舞动。舞动的路径为全村所有巷道，蕉树龙经过各家各户门口，各户成员便把卫生香插到龙身上，有的还插上蜡烛。蕉树龙走动起来形似一条火龙，场面十分壮观。

双水镇岭头蕉树龙分为制龙、起龙、游龙、汇龙、戏龙等环节。活动中，当地男女老少个个精神抖擞，大家纷纷许愿祈求风调雨顺，希望来年免受水灾，农业有好收成，乡民安居乐业，充分展示了浓厚而淳朴的民俗风情。

在以前，双水蕉树龙更多是当地村民对于风调雨顺的心愿寄托。如今舞蕉树龙不仅是传承历史文化的载体，更是凝聚村民力量的一大盛事。每年舞蕉树龙，外出务工的村民基本都会返乡参加，全村人聚在一起，共话乡情。

〉〉〉2009年入选市级非遗代表性项目

三江龙乡游龙：伴着火把灯笼　金龙腾云驾雾

龙文化是中国文化的重要组成部分，舞龙活动是中国民间活动中不可缺少的民间艺术。广东新会地处珠江三角洲西部，历史悠久，文化底蕴深厚，素有“千秋郡县”“海滨邹鲁”之称。千百年来，新会人对龙的敬仰、崇拜割不断、挥不去，新会区三江镇的舞龙活动更是新会人对龙文化理解的集中体现。

相传嘉庆十八年（1813年）新春，有一群青少年聚集在仁和里大地塘扎草龙，一老翁笑龙不美，教他们如何制作龙头、龙身（猪仔笼）、龙尾，将布裁成龙被，用麻绳将“猪仔笼”串起来，最后制作成一条美丽而雄伟的金龙。此事一时传遍乡里，人们争相观看，老翁瞬间消失，只留下一张制作金龙的图纸。是日恰巧是大年初四，当晚父老试舞金龙，果然生动壮观。至元宵节，各里纷纷持帖邀请，金龙乃巡游全乡。当年风调雨顺、五谷丰登、财丁两旺、家家安康，乡民遂崇拜此龙，金龙巡游的风俗从此沿袭下来。

金龙巡游队伍首先由大旗导向，跟着一对铜锣开道，接着是彩旗拥着一面大鼓，鼓声如雷，随后是旗牌、大锦旗，接着是一对大灯笼和火把。点燃的火把浓烟弥漫，火焰冲天，金龙犹如腾云驾雾，特别好看。舞龙珠的人要精通武术，才能表演得生动活泼，龙珠引着龙头迈进，恰似游龙戏珠。这时候众多村民都会从龙身下穿过，祈求身体安康。

〉〉〉2009年入选市级非遗代表性项目

司前金龙：金龙翻腾豪放神威　穿街过巷人山人海

新会区司前镇的舞龙活动源于规避灾难、渴望平安的愿望。相传司前石步河连接开平、鹤山，过去每年雨季，洪水泛滥，淹没农田、村庄，给人们带来很大苦难。人们都认为是“河神”作怪，于是集中全村力量，制作金龙来镇压“河神”。通过舞金龙，人们降伏了河神，从此风调雨顺，国泰民安。

亦有一说是康熙三十五年（1696年），武举人李维扬中新科进士回乡，为增加喜庆气氛，将有制作竹器技术、懂画画的人组织起来，开始制作金龙。金龙制作完成后，父老为表达对龙的敬意，祷告天地，并择吉日舞动金龙，舞龙的风俗从此流传下来。

现在，每逢传统节日或大型活动，司前都以舞金龙活动来助兴，金龙穿街过巷，人山人海，非常热闹。参加舞金龙的表演人员均是从村民小组挑选的青壮年。舞龙队伍首先由大旗导向，跟着是一对铜锣开路，接着是彩旗拥着一面大鼓，随后是旗牌，接着是一对大灯笼和火把，众多的村民都从龙身下穿过，祈求身体安康。

舞金龙的动作多以跨步、转手、穿手、翻动等技术为主，体现豪放、神威的风格特点。舞金龙时，龙头、龙尾都随有锣鼓，行龙听鼓声，一般十步一转手，动作一致。龙头在龙身下穿插翻转称为“串龙门”，另有“龙打圈”（俗称“打龙兜”，又称“打龙饼”）：由舞龙珠者引龙一层层地打圈，龙头被卷入中央。龙舞的动作套路具有南方舞龙套路格局的特色。

〉〉〉2015年入选市级非遗代表性项目

潮连芝山纱龙：
四十八花式舞动两小时　鲤跃龙门腾空万里

芝山纱龙全长约57米，龙头、龙身、龙尾共24节，造型优美，生动逼真，是蓬江潮连人民在700多年的历史长河中，屡经推陈出新、改良所创造的精美而新奇的群众性舞龙艺术。

全套纱龙技艺表演花式分4个部分，共有花式48个，全套舞龙表演约2小时。舞龙表演的每个花式都由龙珠带领，舞龙的人边听锣鼓节拍，边随龙珠带领走步舞花式。在表演过程中，全体人员动作、节拍要统一配合，才能使龙体内的蜡烛不熄灭。舞龙的人每轮为25人，接力交替时，不歇舞，不乱阵。舞龙时，有若干条鲤鱼配舞，体现龙生鲤生、鲤跃龙门、龙腾万里的生动逼真场面，称之为“绝技”。

芝山纱龙在表演前有一个“点睛”和“上水”仪式。潮连人舞龙时的习俗是龙队要把龙舞到潮连洪圣殿内，请一些德高望重的人为即将出演的纱龙做“点睛”（以鸡冠血和朱砂混合，点上龙的眼睛）仪式，然后到洪圣殿前海边大埗头做“吸水”（即龙上水）仪式。遇上夕阳西下，纱龙倒影在海水中，见龙不见人，活像一条搏浪戏水的真龙，令人赞叹不已。以上两项仪式完成后方可到表演场地表演。

龙舞讲求沟通、配合、团结，每演出一次都能加深潮连龙舞文化的意念。近年来，潮连卢边金龙和富冈五邑金龙逐渐发展，更有永思小学“少年龙”的诞生，为芝山纱龙传统艺术文化的传承和有效发展奠下基石。

〉〉〉2021 年入选市级非遗代表性项目

护龙村舞火龙传统活动：
与舞狮队共同起舞 火龙舞动四百多年

每年农历八月十五、十六两晚，开平市赤坎镇护龙村都会举行舞火龙民俗活动。

八月十五早9点开始，村民们用稻草、竹子、榕树枝等扎火龙。龙头要村里德高望重的老人家来制作。制作前，老人要先拜神，以示对神龙的尊重和敬仰。傍晚时分，村民就点燃香烛插在龙身上，随着锣鼓敲响就开始舞火龙。先是拜公堂祖先及拜全村各家各户，在本村舞完后，就到村场走一圈。随后，所有“火龙”聚集在村委会门前村场，与舞狮队伍共同起舞，表演“火龙转圈圈”，象征护龙村源远流长。

舞火龙有独特的步法：锣鼓一响，龙珠手举起龙珠，火龙在龙珠的逗引下，上下翻滚，左右腾挪，做着各种各样的动作向前行进。如果龙头高举，则龙身下沉，龙尾翘起；如果龙头朝下，则龙身拱起，龙尾下垂；如果龙头向右去，龙尾就往左摆；如果龙头向左去，龙尾就往右摆。

八月十六晚的舞火龙，还会增加一个“送龙回龙宫”的仪式。各条“火龙”在自己的村子里舞完之后，就被送到村里的池塘边烧掉，村民把灰烬拿回家里，寓意“真龙”虽然回去，它的恩泽仍然留在人间，保佑这一年风调雨顺、五谷丰登。

始于祈福，世代传承，“火龙”在赤坎护龙舞动了400多年。舞火龙作为一项全民参与的集体活动，不仅促进了村内的团结，还强化了人们的宗族意识，增强了宗族凝聚力，也为传承传统文化搭建了平台。

〉〉〉2022年入选市级非遗代表性项目

竹朗金龙（洪圣打醮）习俗：长龙舞动内涵丰富　百余人共同“翻龙肚”

竹朗金龙（又称洪圣打醮）相传已有200多年历史，每10年举办一次，把洪圣崇拜、道教规仪和民间龙舞结合在一起，以祈求风调雨顺、国泰民安，主要传承于鹤山市桃源镇竹朗村一带。

整个习俗包括上表、公示、留守、执筹、洗街巷、贴对联、打醮、吃龙饭、拜年等规仪环节。其中的打醮部分最为关键，又包括了铺龙、敬神、点睛、游村、表演等内容，原汁原味地展示了岭南地区的酬神仪式。

舞金龙表演中，难度最大的当属“翻龙肚”，70米长的金龙，需100余名健壮男子同心协力才能完成这一花式。在翻龙肚的过程中，新婚夫妇以及男女老幼会从龙肚下走过，祈求早生贵子、龙马精神、健康长寿。

竹朗金龙（洪圣打醮）把洪圣崇拜、道教规仪和民间龙舞结合在一起，实现了人与神、人与龙、人与族、人与人的和谐，具有多维度互动特点；把将军舞、鲤鱼鳌鱼舞、狮舞与龙舞结合起来，大大丰富了龙舞样式和舞蹈内涵。多维度互动、多元素共舞，使洪圣打醮民俗活动更具寓意。

〉〉〉2017 年入选县（市、区）级非遗代表性项目

圣堂香火龙习俗：舞龙前烧关塔　舞龙时不舞狮

每年10月1日、2日，鹤山市雅瑶镇圣堂坊都会举行香火龙巡游活动。巡游从奕兰书室门前广场出发，游遍所有村道，环绕村后乌紫山一周，最后回到广场。

圣堂坊香火龙的最大特色是舞龙之前要烧关塔，另一大特色是舞龙不舞狮。活动连续举行两天，第一天的龙身一般是33节，到第二天增加为38节，寓意福寿绵长。第二天盘龙完成后，村民们抬着龙头和龙尾，放进广场边的小池塘里，称“放龙入海”。

圣堂香火龙习俗有超过100年历史，既代表着村民们祈求风调雨顺、幸福安康的美好愿望，也代表着团结和睦、包容进取的新农村精神。

〉〉〉2021 年入选县（市、区）级非遗代表性项目

舞草龙（台山）：龙扎十二节长约六丈　寓意四季兴旺发达

每年的中秋节，台山市白沙镇西村都要舞草龙，该习俗相传始于光绪年间，迄今已有一个多世纪。舞草龙既能加强海内外乡亲的联络沟通，增强村民凝聚力，也是西村世代传承的一项弥足珍贵的民间习俗活动。

草龙由村民亲手制作，龙扎成十二节，每节长约四尺，直径二尺，整条龙长约六丈，寓意一年四季十二个月兴旺发达。在扎龙的时候，每隔一段时间就要敲锣击钗。

待到夜幕降临，草龙在村里的每一条巷子穿行，家家户户在家门前提前摆放好各种物品迎接草龙。舞龙完毕后，将龙放到进村前的路口焚烧，寓意龙腾飞跃上天了。

〉〉〉2008 年入选县（市、区）级非遗代表性项目

舞草龙（开平）：巨龙沿村巷游舞　伴醒狮龙狮共舞

数百年前，从中原南迁而来的先民在开平市百合镇虾边村一带定居，带来了在中原地区流传了数千年的龙文化。每年中秋节，村民们以当地的干稻草扎成草龙，插上香火进行游舞，以祈求风调雨顺、国泰民安、五谷丰登、生活美满。

巨龙拜过社坛，沿村巷游舞，村民家家户户摆上供品，点燃爆竹迎龙，也寄托平安喜乐的美好愿景。在舞龙的同时，还伴有醒狮、龙狮共舞。直到晚上11点，被称为“龙上天”的草龙入火，宣告舞草龙活动正式结束。

舞草龙活动在虾边村和周边的村镇已流传了许久，为虾边村的中秋节增添了绚丽的龙文化色彩。

〉〉〉2021 年入选县（市、区）级非遗代表性项目

舞草龙（恩平）：稻草扎龙绕村巡游　表演结束烧龙祈福

舞草龙活动是恩平市君堂镇中秋节传统民俗活动。现君堂镇西园村委会崇鱼塘村、榕树头村仍采用传统方式——用稻草制作草龙进行活动，相传该习俗已有150余年的历史。

活动分扎龙、舞龙和烧龙三部分。舞龙由青壮年手执龙脚，点燃龙身上的大香，在龙珠的引导下上下、左右舞动草龙，绕村一周，并到各家各户游拜，最后在村中空地上进行盘龙、抢珠等表演。烧龙则是在舞草龙表演完后，由村中长辈把草龙点燃烧掉以作祈福之意，借由龙腾翻舞，祈求风调雨顺、趋吉避凶、国泰民安。

〉〉〉2017 年入选县（市、区）级非遗代表性项目

黄洞香火龙习俗：村民共同扎制火龙　龙形火光盘旋飞舞

农历八月二十八前夕，鹤山市雅瑶镇黄洞村村民都会放下手头的工作，齐心协力为火龙扎制做准备。男人们上山砍山草和蕉树皮，用以包裹龙骨；妇女们则聚在一起，将定制回来的线香头削尖，便于插入树藤包裹的龙身之中。

舞火龙仪式始于傍晚时分，满身火光的巨龙随着舞龙者的摆动，形成流线型的火光，犹如在半空中盘旋、飞舞，在山下远远观望，只见火光不见人，龙形显得尤为清晰和壮观。

黄洞香火龙习俗已有200多年历史，每年农历八月二十八和二十九举办，承载着村民通过舞龙祈求风调雨顺、五谷丰登的美好愿望。

〉〉〉2008 年入选县（市、区）级非遗代表性项目

赤坎大梧火龙：舞火龙共度中秋　“吃龙饭”热闹非凡

在开平市赤坎镇灵源村委会大梧村，舞火龙是每年中秋的既定节目。村民们用300多斤稻草和麻绳扎成一条40多米长的大草龙，在草龙身上插满点燃的大香，由30多名青壮年舞动，并伴有龙珠醒狮、敲锣打鼓、游村穿巷、燃放鞭炮、龙拜社坛等仪式。

舞火龙活动在晚上8点至10点进行，村民们还会一起“吃龙饭”，热闹非凡。次日，村民们会再举行一次舞龙活动。

大梧村是开平关族始祖荣公的故村，舞火龙正源自当年荣公从中原南迁带来的风俗，祈求风调雨顺、国泰民安、五谷丰登，已有数百年历史。

〉〉〉2021 年入选县（市、区）级非遗代表性项目

潮连火龙：以珠戏龙火光耀目　多个花式敏捷轻盈

据蓬江潮连的史料记载，潮连人喜爱舞龙，历代都有纱龙、金龙和火龙三条龙，其源于民间焚香驱蚊、永保平安的祈愿。后来形成以武术为功底、以舞蹈为表现的龙舞特色文俗。

潮连火龙全长达54米，全身要插上点燃的香火，在漆黑的夜晚，密集的红色火光映亮龙身，故名“火龙”。每当喜庆节日，以珠戏龙，火光耀目，预示如龙腾飞，永远兴盛。表演有平地、龙门、梅花椿等多个花式，讲求动作敏捷轻盈，节奏连贯迅速。

潮连人舞龙的理念贯穿着“合和”文化，即由“集合、汇合、结合、合作”而来，守护地方“和谐、和睦、和顺、和悦”，各群体、各姓氏族人和平共处。

〉〉〉2007 年入选县（市、区）级非遗代表性项目

钱塘彩龙：传承五百年推陈出新　男女老少均可舞龙

在鹤山市桃源镇钱塘村，每年中秋之夜，在锣鼓乐器的伴奏中，钱塘彩龙随声而起，色彩斑斓的“龙光”照亮了整个村子，人们则兴高采烈地在龙肚下穿行。相传小孩穿龙肚可以祛除百病、健康长大，读书聪明伶俐；新婚者穿龙肚能夫妻和睦、早生贵子。

钱塘彩龙有近500年历史，不仅继承了传统舞龙的精髓，还推陈出新。如今农历八月十四小孩子舞“火水龙”，八月十五男性舞“纱龙”，八月十六女性舞“彩龙”。钱塘彩龙的与时俱进、开放包容，奠定了广泛的群众基础，同时为这项传统民俗的传承和发扬注入新的活力。

〉〉〉2015年入选省级非遗代表性项目

端午节（古劳三夹腾龙）：
起龙、赛龙、埋龙　龙舟盛宴欢腾整月

鹤山古劳水乡河网密集，具有得天独厚的赛龙舟优势，这里孕育出的“古劳三夹腾龙”，是鹤山民间一项传统盛事，一般分为起龙舟、赛龙舟和埋龙舟三个部分。

赛龙舟当日，三夹河段两岸人声鼎沸，爆竹声、锣鼓声汇成一片。古劳镇各村约17条龙舟汇集在三夹河段。数十名“扒丁”整齐握桨坐在龙舟上，各条龙舟在起点处排列，蓄势待发，当发令枪一响，各条龙舟立刻锣鼓齐鸣，直插河中。

每年农历四月初八起龙舟，起龙舟师傅在鞭炮声和锣鼓声中棹4条小艇下水，放缆绳，用木杉作绞缆绳的杠杆，随着岸上锣鼓声，龙头、龙尾先出水，再到龙身。在

村里负责人带领下，众人把龙头、龙尾抬到各村各家拜祭，敲锣打鼓，穿街过巷，寓意四海升平，保百姓平安吉祥。

赛龙舟结束，各村都要把龙舟送回“龙床”，埋龙舟之日，鞭炮齐鸣，敲锣打鼓，村里负责人率领众人拜祭过神祇后，众“桡手”将龙舟抬至围基的小涌内，拔起船底的木塞，将龙舟沉到水底，再用木柱固定，龙头、龙尾、船桨等放入“龙船屋”内。至此，一年一度的“三夹腾龙”便告一段落，等待明年再举行。

“古劳三夹腾龙”传统民俗活动距今有近300年历史，代表的是鹤山古劳水乡人民“崇天敬祖、团结拼搏”的优良传统，展示了中华民族勇往直前、生生不息的精神追求，经过代代传承，焕发出新的生命力。

〉〉〉2007 年入选省级非遗代表性项目

赛龙舟（礼乐龙舟）：
九条河涌“九龙入洞” 端午“节龙”八月“出大标”

江海礼乐河网密布、纵横交织，二星宫河、张围河、中心河、浅海河、主灌河、零河、礼西河、汲水滘河等9条河涌归入礼乐，人称“九龙入洞”。由于地理环境条件限制，当地“无舟不通行”，乡民到农田耕作、探亲、外出谋生都要划船出行、以舟代步。舟、船成了礼乐人生活中不可分割的一部分，划船成为礼乐人的专长。

清朝康熙十五年（1676年），礼乐开始出现大规模的龙舟竞渡活动，至今已有300多年历史。礼乐的龙舟赛全程60多公里，比赛时间4个多小时，是龙舟竞赛中的“马拉松”。

礼乐龙舟分为“节龙”和“出大标”。“节龙”在五月端午节举行，往往是两三艘龙舟之间进行的友谊赛，不设奖项；“出大标”是八艘龙舟间进行的大赛，通

常是三年一次，比赛时间多安排在农历八月十五前后。

老一辈的礼乐人，把“出大标”称为“出科”，他们将参加龙舟比赛与上京参加科举考试相提并论，可见“出大标”在礼乐人心目中是何等重要。每到“出大标”时，当地男女必站满河涌两岸观战。划手们喊着拍子奋力划桨前进，鼓手站在船头击出鼓点控制节奏，“扯离佢”的加油声此起彼伏，一时间喧振水陆。

礼乐龙舟包含着众多民俗传统，如“新龙升水”“采青”“贺庙”“晒标”“龙舟饭”“第一龙舟戏”等等，象征着爱国爱乡、团结拼搏、和谐进取的精神。

〉〉〉2022年入选市级非遗代表性项目

赛龙舟（大泽龙舟）：
“驳水”往返摘牌为证 极具观赏性娱乐性

每年的端午节前后，新会区大泽镇龙舟锣鼓响彻镇内外，各村龙舟赛、龙艇赛此起彼伏。村前村后，大摆龙舟宴，全民参与，乐在其中。活动包括“起龙”“赛龙”“收龙”，历时月余。

大泽镇地处水乡，境内河道交错，水网相连。各乡村民间赛龙舟、赛龙艇历史悠久，龙舟文化底蕴深厚，源远流长，传承了百余年，具有广泛而深厚的群众基础，享有“江门市龙舟之乡”的美誉。

沿江西涌村的龙舟已有百年历史，被四乡尊为“龙祖”。这百岁“龙祖”，至今仍然纵横江湖。牛勒、沿江、小泽等村都建立了龙舟队伍，牛勒和北洋等村还成立了龙舟或龙艇协会，全镇有不少的自然村都拥有龙舟或龙艇。

大泽镇的各村龙舟、龙艇在每年端午节期间，不仅在镇内的主要河涌赛龙舟，还在村里的鱼塘赛龙艇，祈愿风调雨顺、吉祥平安，增添节日热闹气氛。

独具地方特色的“驳水式”多赛程摘牌赛制与规则，更增强了大泽传统龙舟赛的观赏性与娱乐性。大泽龙舟赛不是单程直道赛，而是多程折返赛，在每一“驳水”（一段赛程）往返前都必须在终点线摘牌为证，使比赛更为引人入胜、独树一帜。因而大泽传统龙舟赛不仅吸引了当地人，连不少外乡人也慕名远道前来观赏比赛。

奋楫笃行，成就梦想。大泽龙舟赛成了当地凝聚民心、联谊内外、推进公益善举的独特而亮丽的文化景观。

〉〉〉2022年入选市级非遗代表性项目

赛龙舟（水口龙舟）：
端午前后船桨舞动　人舟合一乘风破浪

水口龙舟在开平水口传承了数百年，形成了“转龙头”“起龙”“旺龙”“采青”“吃龙舟饭”“藏龙船”等一系列独具地方特色的龙舟文化。每年端午节前后，船桨舞动，龙舟竞渡，一片节日的欢腾。

水口镇位于潭江之滨，河流纵横，水面广阔，水流平缓清澈，为龙舟竞赛提供了绝佳的自然条件。据当地现存资料记载，水口冈中龙舟于乾隆十四年（1749年）建造，开水口龙舟活动之先河。

如今，在水口仍有14支龙舟队伍。其中，在新桥水流域活动的有乔林龙舟、新风龙舟、榄冲龙舟、廿八村龙舟，在冈中河域活动的有金山许边龙舟、流津美龙舟、增新龙舟、水边红须龙舟、冲翼龙舟、古洲南龙舟、古洲北龙舟、土皮头西龙舟、土皮头南龙舟、冈中大头龙龙舟。

每逢农历四月初八，人们便将龙船起出，一年的龙舟活动由此拉开。五月初一，把龙头、龙尾从“龙宫”或宗祠中取出，由锣鼓开道巡行到河边，举行拜祭仪式，然后再把龙头、龙尾装上龙舟。

端午节当天，每条龙舟上的鼓手、舵手和龙丁精神抖擞，划桨起落整齐，人舟合一，吆喝声直冲天际，乘风破浪，勇往直前，争夺冠军。

赛龙舟后，还有个必不可少的节目就是吃龙舟饭，犒劳在龙舟节里辛苦付出的村民和龙丁。五月初八，龙舟又将重埋水中，龙头、龙尾也要放回“龙宫”或宗祠内供奉，船身埋入河床沙泥中，第二年挖出来再用。

〉〉〉2007 年入选市级非遗代表性项目

广海打龙船：抬着木龙舟游乡　龙船歌响遍村庄

“打龙船”是台山市广海镇传统的岁时节令活动，祈祷国泰民安、五谷丰登、百业旺隆，至今已有800多年历史。

广海聚居着中原南迁的民族的后裔，他们同时带来了中原文化习俗，端午节划龙船纪念爱国诗人屈原，便是其中的一项重要仪式。广海虽近南海，却不在海上划龙船，而是追随先辈习俗，唱着“龙船歌”在陆地上“打龙船”。

每逢端午节拂晓时刻，广海地区各个村庄或寺庙的“打龙船”队便分头开展活动。在农村，先贺村闸（村门），然后逐家逐户去贺家园。在圩镇，则逐家商户去贺兴隆。“打龙船”队的编制不等，一般包括一名旗手、一名龙船手、一两名歌手、六名锣手。旗手负责举着写有队名的旗帜，龙船手负责肩托一条约1.5米长的小木龙，歌手负责高唱龙船歌，锣手（歌手也手持铜锣）负责敲锣。其中两人还肩挎长布条袋，用来装赏物或赏钱。

“打龙船”队成员服装没有统一规范，只图光鲜新颖，头戴插上小绣球等装饰物的草帽，耳边下垂两根彩带。龙船歌为七字句，每四句为一段，每当歌手唱一句龙船歌，锣手便敲响一次锣。龙船歌传统内容多为祈福字句，也可即兴颂扬事物、歌唱新人新事新风貌。因为是无伴奏式的演唱，歌手可以无拘无束选择歌词。一般是独唱，有时也对唱。

广海“打龙船”这一民间活动不断传承和发展，经常到省、市进行表演，深受群众的喜爱。

〉〉〉2021 年入选市级非遗代表性项目

址山龙湾龙舟：赛龙夺锦锣鼓喧天　一河两岸人头涌涌

龙湾河流域一带地处鹤山市与开平市交界，各地乡村的村民都爱好扒龙舟活动。龙湾龙舟是鹤山市址山镇龙湾村的民间传统体育活动项目，每年农历四月上旬至端午节，是龙湾的龙舟节。

举行龙湾龙舟活动是为了纪念伟大爱国诗人屈原。每到农历四月上旬，龙湾会举行龙舟起水仪式，龙舟起水后就开始扒龙舟活动，同时也是为龙舟竞渡比赛做训练准备。

到了每年农历五月初二、三，就是互相探访友谊赛，初五、六两天集中在开平市水口镇汇赛，每年有10多艘龙舟参赛。每逢龙舟竞赛日，一河两岸人头涌涌，摩肩接踵，翘首企盼。赛龙夺锦开始后，锣鼓喧天，旌旗蔽天，两岸鞭炮长鸣不息，助威呐喊声此起彼伏。

参赛龙舟造型各异，桡手服色各有不同。夺锦高潮到来时，桡手动作划一，桨声齐鸣，水花飞溅，龙舟如离弦之箭，又如蛟龙翻浪，整个场面构成一幅娱乐升平、力争上游、和谐共进的画卷。

龙湾龙舟活动最早可以追溯到清朝光绪二十一年（1895年），受周边镇村龙舟活动影响，中国港澳地区的龙湾同胞和东南亚各国的龙湾华侨捐资建造了龙湾第一艘坤甸木龙舟。龙湾龙舟活动增强了村民的体质和乡亲的凝聚力。扒龙舟也表达了“崇尚祖龙，同心求旺，兴旺龙湾”的美好愿望。

〉〉〉2019年入选市级非遗代表性项目

司前龙舟习俗：河涌交织龙舟竞渡 浪花飞溅桡桨齐划

新会区司前镇依山傍水，南临潭江，河涌纵横交织，是开展龙舟活动的好地方。司前龙舟历史悠久，目前有红楼、陈鹤、大范、增边、河桥、中心、马冲、双楼等村8支传统龙舟队处于活跃之中，有多艘清代龙舟及其龙头、龙尾。

据史料记载，司前镇的龙舟队基本上始建于清代：陈鹤村赛龙有130多年历史；大范村赛龙有145年历史；河桥村赛龙有110多年历史；中心村、双楼村赛龙有150年历史；马冲村赛龙也有120多年历史。

司前龙舟习俗有一整套古老仪式，如“转龙头”“请龙神”“起龙”“上槲”“升水”“旺龙”“祭江”“出龙”“扒三驳”“采青”“藏龙船”等环节。

如今的赛龙舟方式，是司前人在旧俗“扒三驳”的基础上创新而成，现在又建立龙舟基地，引入体育竞技规则。全镇每年集中举办大型龙舟赛，打造地方品牌，形成亮丽的文化名片。

每到龙舟节，大众一起参与，龙舟节仍保留“洗龙舟水”“吃龙舟饭”“龙舟结契”等传统活动。大型龙舟赛还举行龙舟祭祀系列仪式：宣读祭文、跪拜、酹酒、为龙舟点睛等。在爆竹声、呐喊声中，桡桨齐划，浪花飞溅，彩旗飞舞，龙舟飞驰，颇具观赏性。

司前龙舟习俗，折射出司前镇的风土人情，展示出司前人良好的精神风貌，更是司前人敢为人先、奋力拼搏、团结协作、爱国爱乡的体现。

〉〉〉2008年入选县（市、区）级非遗代表性项目

杜冈冲澄龙舟：坤甸龙舟使用至今　凝聚族人热诚之心

开平杜冈冲澄龙舟源自清乾隆十三年（1748年）。当时杜澄的族老筹款购置了两只名为"金龙""银龙"的龙舟，这两只坤甸木龙舟一直使用至今。现开平杜澄地区的龙舟已发展到了10艘，划龙舟已成为既定的风俗之一。

每年四月初八，各村的龙舟会人员便开始进行筹备工作，其中包括筹集经费和相关安排，也为参加端午节龙舟比赛进行实地训练。举办端午节龙舟活动，加强了族人间的凝聚力，激发了族人们爱国爱乡的热诚之心。龙舟之礼见证着开平杜冈冲澄地区文化的传承与发展，表达了乡民们祈福的美好愿望。

〉〉〉2007年入选省级非遗代表性项目

狮舞（狮艺）：狮形猫步灵巧活泼　"狮王之王"称霸江湖

鹤山有这样一位南国醒狮的代表性人物——冯庚长，其创立的鹤山醒狮，将猫的动作与性格融合到醒狮身上，舞起来灵巧活泼、情态可人。"狮形猫步"为鹤山醒狮最为显著的特征之一。

冯庚长1852年出生于

鹤山沙坪越圹大朗村，自幼随其身为少林俗家弟子的父亲习武，打下了深厚的武功底子。后来在佛山学武艺、狮艺，由于勤奋好学，善于变化创新，创立了鹤山醒狮，与佛山醒狮成为代表南国醒狮的两大流派。冯庚长也获得了“广东狮王”的美誉。

鹤山狮艺项目省级代表性传承人黄永安介绍，为了丰富醒狮艺术的内涵，冯庚长与师弟胡沛在武馆专门养猫细心观察，悟出了狮形猫步；狮头也做了改进，形态更威猛；狮被也略改短，使之配合与舞动更方便；还创出了一套雄壮、悦耳且节奏感强的“七星鼓”法。

即使在有“狮城”之称和有400多个舞狮团体的新加坡，鹤山狮艺仍能在各种狮赛中屡屡夺魁，各种大型表演中堪为翘楚，被称为“狮王之王”，只有其可在狮头绣上“王”字，可见其江湖地位极高。

鹤山狮艺盛行于鹤山及珠三角地区，并随着鹤山华侨走出广东、走向世界，在中

国香港和澳门、东南亚、美加等地区风行，成为展示中华文化魅力的重要载体，也是联系港澳同胞与海外华侨、加强海内外文化交流的重要纽带。

〉〉〉2022 年入选市级非遗代表性项目

狮舞（江海佛装狮艺）：
踩点舞出千姿百态　表演细腻丝丝入扣

江海佛装狮艺最早出现在清朝，起源于江门白沙庙前里，至清末民初成为一门传统艺术活跃于民间，至今已有200多年的历史。其项目具有多样性，可作为民间喜庆的文化娱乐节目，又可作为联络海内外乡亲和文化交流的桥梁。有华人的地方就有醒狮，有醒狮的地方就是故乡！

江海佛装狮艺在佛山狮艺和鹤山狮艺的基础上，对造型、锣鼓点、舞法都进

行了改革创新，尤其是狮形猫步，既有狮子的雄强威猛，又有猫的活泼可爱，表演细腻，丝丝入扣，技巧性和观赏性都很高。

江海佛装狮艺舞法讲究技巧和武术功底，舞狮一般由两人或三人组成，其中一人舞狮头，一人舞狮尾，另一人舞大头佛，手执大葵扇作引导，后面则有锣鼓队配合，狮子随着鼓点的快、慢、轻、重节奏舞出千姿百态。

江海佛装狮艺的祖师爷陈长毛，是蔡李佛拳创始人陈享的关门弟子。他将江海佛装狮艺扩展至四邑地区。江海佛装狮艺的传承人陈耀灿又把江海佛装狮艺带到江海区发扬壮大，并做了改革创新，提升了表演水平。

目前，以陈耀灿为代表的醒狮艺人以传统武术配合南狮表演舞法，改革后的江海佛装狮艺有单狮表演、双狮表演和群狮表演，多以三星鼓点、七星鼓点、三星与七星混合鼓点进行指挥。

江海佛装狮艺在江门乃至周边地区都有一定的影响力，在江门传统民间文化中占有重要的地位，有较高的艺术价值。

〉〉〉2017 年入选县（市、区）级非遗代表性项目

舞狮：传统节日舞狮助兴　狮子队人数近千人

狮子在中国人心目中为瑞兽，象征着吉祥如意，舞狮活动则寄托着民众消灾除害、求吉纳福的美好愿景。舞狮是台山地区具有悠久历史的民间传统艺术，20世纪初已在台城地区盛行。每逢重大传统节日如春节、端午节、中秋节或婚嫁等活动，都以舞狮助兴。

舞狮一般由精心制作的狮子（分狮头、狮尾）及锣鼓、武术器械、彩旗等组成狮子队，用布阵、解阵的方法穿插其中，完成开盘、表演、采青三个仪式才算完满。台山地区的舞狮最兴盛时期是20世纪80年代初，现在全市有20多支狮子队，参与人数近千人。

〉〉〉2011 年入选县（市、区）级非遗代表性项目

沙堆狮艺：有蔡李佛狮艺风格 狮团聚会欢庆热闹

沙堆狮艺历史悠久，但始于何时已无法考究，它的兴盛或与洪圣蔡李佛武术传播有关。据老一辈回忆，民国初期，新会沙堆已有16家武馆，其中洪圣馆12家、“周馆”4家，同是蔡李佛传人，每馆都有狮团。

沙堆狮艺带有蔡李佛狮艺风格。1945年庆祝抗日战争胜利时，沙堆就曾出现16个狮团聚会欢庆的热闹场面。20世纪70年代末，各村的武馆陆续开始开馆授徒，沙堆狮艺又得以迅速普及。目前全镇有8个狮团。

〉〉〉2018 年入选县（市、区）级非遗代表性项目

舞熊罴：三江舞龙熊罴登场 起舞引路祈求安康

新会传统民间喜庆活动中的舞熊罴，是清代就有的习俗，民初以后武馆兴盛，武馆多有狮团，此俗渐为舞醒狮所取代。如今，只有三江镇传承此俗，保留了这一富有新会地方特色的民俗。

原三江乡为赵氏皇裔世居，故三江有“龙乡”的美誉，现分为新江、联和两个村。乡民除舞金龙（“龙乡游龙”）外，一直还有舞熊罴的传统活动。

“熊罴”是新会民间旧俗中的一种祥瑞之物，每当三江舞龙巡游时，熊罴必定登场，专为金龙起舞引路。舞步以摇晃、跳跃、女字步、丁字步法为主，巡游时有铜锣、大旗、彩旗、高照、龙牌、头牌、罗伞、大头佛、龙珠、龙、锣鼓等配套，舞熊罴表达了人们祈求风调雨顺、国泰民安、生活幸福的美好愿望。

〉〉〉2020 年入选县（市、区）级非遗代表性项目

传统大头佛表演套路：
四个套路夸张诙谐 融入醒狮武术表演

大头佛早上起床拿起脸盆打水洗脸，坐凳子时不慎摔跤，再用手扶正凳子小心翼翼坐好……动作夸张、诙谐，这便是礼乐大头佛表演。

每年春节，江海区礼溪武东吉兆堂醒狮队和传统大头佛都向礼乐人民拜年祝福、贺喜，祈愿一年里风调雨顺、国泰民安。“大头佛”表演时有四个套路：第一套表现大头佛的日常起居，如扫地、倒垃圾等家庭琐事；第二套讲大头佛担锄去耕田；第三套讲大头佛拜四门；第四套表现大头佛上山采灵芝遇到狮子并与之搏斗的情景。

传统大头佛表演起源于清末，武东吉兆堂老祖师爷区朝在礼乐乌纱里（现乌纱村）学习传统大头佛表演套路，并融入醒狮和武术，使之成为礼乐传统特色项目。

〉〉〉2008 年入选县（市、区）级非遗代表性项目

海侨东南亚风情舞：
闲时亲朋载歌载舞 打造侨乡旅游文化特色

海侨东南亚风情舞，流行于台山市海宴华侨农场。海宴华侨农场又称海侨镇，是20世纪50年代为安置从东南亚各国归来的难侨而设立的。每逢周末或农闲，华侨们与亲朋汇聚，一起唱歌起舞，这成为侨乡文化中颇具特色的文艺形式。

2002年5月，海侨东南亚风情歌舞艺术团成立，一直坚持至今，挖掘、整理、创作了一大批东南亚风情舞节目，成为侨乡旅游的一个文化特色，吸引了数以千计的各方游客。同时，一批东南亚风情舞节目在全市和全省比赛中获奖。2006年12月，海宴华侨农场被命名为“广东省民间艺术·歌舞之乡”。

〉〉〉2022 年入选省级非遗代表性项目

台山九人排球：站位不变轮换发球　比赛更具观赏价值

排球运动在台山的风靡程度，绝对超乎大多数人的想象。20世纪五六十年代，台山有2000多支排球队，参加球队的人数超过10万人。彼时是台山排球最为辉煌的年代，台山被誉为"排球之乡"。

台山排球运动始于1914年，由在广州读书的台山籍学生将排球带回家乡，从学校到城镇、农村，迅速普及。1923年至1934年，以台山运动员为主力的国家队，参加了六届远东运动会，获四届冠军、两届亚军。

台山排球市级传承人李惠豹介绍，台山排球界人才辈出，国家男排首任教练马杏修、队长黄亨都是台山人。1958年全国甲级男子排球联赛，12支甲级队共有149名运动员，其中台山籍球员多达69名。在国家男子排球队中，台山籍球员曾达半数以上。因此台山享有"全国排球半台山""无台不成排"的美誉。

李惠豹介绍，九人排球不换位，轮换发球。球员分为前排、二排和三排3个层次

站立。“相较于六人排球，九人排球场地更大、球网高度稍低，回合更多，观赏价值极高。”

近年来，台山大力发展九人排球运动，球场遍布全市城乡，数量保持全国领先。全市建立业余运动队单位550个，参加排球活动的有近50万人，约占总人口的一半。台山不但市内频繁举办排球赛事，还一再承办多项国内和国际排球比赛项目，并多次派队出国比赛，使“排球之乡”美名传遍海内外。

〉〉〉2021 年入选市级非遗代表性项目

开平民间杂技：
十余项目绝活 “开平杂技六虎”深受喜爱

开平民间杂技发源于开平市赤坎镇，是在开平流传了100多年的传统民间杂技项目。

1915年，原籍广西的杂技师傅朱长荣来到赤坎，靠卖艺为生，其精湛的武术和杂技表演，获得当地百姓的认可。随后他在开平收徒，传授杂技和武术。其中，金钟堂、何玉郎、梁飞武、杨军武、何少华、梁海山六人跟随朱长荣学艺，练就一身本领后，在江门五邑地区四处表演，深受群众喜爱，被称为“开平杂技六虎”。

“开平杂技六虎”大多数以家族传承、收徒等方式，将开平民间杂技进一步传承延续。“六虎”之一梁飞武，将杂技、武术传授给两个儿子——梁养基、梁国峰，并收徒弟唐志荣等。“六虎”之一杨军武，也将杂技传授给儿子杨鸣富、杨牛洪。梁国峰等人，成为现今开平民间杂技的中坚力量。

开平民间杂技，有口顶技、排球跳舞、六合棍、火流星、水流星、空中飞碗等十多个项目。开平民间杂技的表演不受场地、器材的限制，可以随时随地表演。同时，开平民间杂技表演运用的碗、盘、绳、棍、帽、鸡蛋等道具，都是常见的生活用具和劳动工具。

开平民间杂技具有深厚的历史文化价值和社会价值，多年来，曾多次受邀至美国、加拿大等地公益演出，展示侨乡人民的精气神，成为开平侨乡对外文化交流的一扇窗口。

〉〉〉2007 年入选市级非遗代表性项目

双水山地风筝：
秋风起放纸鹞　三级风力即可顺利放飞

风筝，在新会俗称“纸鹞”。新会区双水山地风筝相传起源于明代洪武年间，盛于清代乾隆年间，有“秋风起，放纸鹞”的民间说法。

明代洪武年间，双水人祖先自韶关南雄迁居开平、新会，自此，有竹子加工业的乡村（坊、里）居民都开始制作风筝。由此发展出的双水山地风筝历史悠久，至今已有600多年，主要传承于江门市新会区双水镇上凌、南岸、洋美、岛桥、木江等村。

双水山地风筝品种独特、工艺精巧、类别繁多，其制作过程包括扎圈、粘彩袋、绑竹篮、上胶纸和串联等工序。主要类别有两种：以上凌村和南岸村“鸣牛”风筝为代表的“板块类”，包括鹰、荷花、蝴蝶、各种鱼类等；以岛桥村、洋美村“蜈蚣”风筝为代表的“足节类”，一般有10—80米长不等。

双水山地风筝重造型、重长度、重轻巧、重图案，风筝的放飞能力非常强，只要有三级风力，就能顺利放飞。双水山地风筝源于民间，农闲假日，大家成群结队，在山头放飞风筝，一派娱乐升平的景象。

〉〉〉2007 年入选市级非遗代表性项目

跳禾楼：禾草组扎搭成牌楼　抛接谷粒热闹吉祥

台山，地处祖国南海之滨，山川秀丽，气候宜人，土地肥沃，资源丰富。台山的农田种满水稻，台山人将稻草叫作“禾草”。每到中秋时节，台山人在用禾草组扎成的牌楼前群体起舞，就是“跳禾楼”。

台山跳禾楼基本在每年中秋农闲期间——农历八月

十三至十六晚上举行。村民先在人口较多的自然村中选定一个开阔地搭起牌楼，入夜，全村男女老幼聚集在牌楼前，八音班奏乐声起，民间师傅率众先烧香迎神祈祷，祈求村人健康平安、五谷丰登、六畜兴旺。

头几天，由民间师傅与村民对歌，有祈求丰年的禾楼歌，有一唱一和的打字歌，有诙谐逗趣的卖鸡调，输者以饮酒作罚。最后一天的活动——村人捧着簸箕围在四边，民间师傅高举道具，一边唱着歌谣，一边向天抛撒稻谷，村人随之跳动，高托着簸箕抢接谷粒，体现出跳禾楼的本意。按传统说法，谁家接的谷粒多，当年就多福，收成也多，因此村民积极踊跃，场面十分热闹。

在历史的长河中，台山人的祖先在这块土地上开拓与创造，生生不息；一代又一代勤奋、勇敢、智慧、坚毅的台山人，把原来的荒芜之地，开拓成为人众物阜、文化发达、人才鼎盛之乡。跳禾楼这个民间习俗传承悠久，至今已有500多年历史，深深扎根于民间，富有浓郁的地方特色和乡土气息，寓含着当地人的精神、信仰、价值取向，成为台山的一张文化名片。

〉〉〉2008 年入选国家级非遗代表性项目

抬阁（芯子、铁枝、飘色）（台山浮石飘色）：“上色”“下色”珠联璧合　浩荡出游锣鼓喧天

每年农历三月初三，台山浮石飘色如期出游——前有旌旗、罗伞、锣鼓、瑞狮、色标开道，后有八仙贺寿、八音管弦相随。村里的小童们化古妆、穿色袍、戴头饰，打扮成历史故事、神话传说中的人物，有的化身“穆桂英”“赵子龙”“花木兰”，有的装扮成“沉香”“织女”，凌空而起仿若“飘”在半空，令人啧啧称奇。庞大且古色古香的队伍，浩浩荡荡游遍全村十坊，再回到庙中，以祈求人口平安、五谷丰登。当天，旅外乡亲赶回村中，外界人士四方云集，形成万人空巷、夹道观摩的热闹场面，成为名传远近的民间习俗活动。

浮石村地处台山市平原腹地，是富庶的“鱼米之乡”，建村于南宋末期，有700多年历史，村民绝大多数是南宋皇室赵姓后人。浮石飘色源于中国北方“高抬”表演技

抬阁（芯子 铁枝 飘色）
（台山浮石飘色）

艺——明末清初，浮石村举人赵家璧赴京考试，在中原接触到飘色这一民间艺术，回到村中后便凭记忆向村民推广，传承至今已有300多年历史，成为台山民间习俗艺术的一枝奇葩。

每台飘色由两个八至十岁的儿童（俗称“色仔”）扮成历史故事、神话传说中的人物，由村民用“色柜”抬着出游，属人物造型艺术。飘色中的人物，站在色柜上凌空而起的称为“上色”，也叫做作“飘”，坐在色柜上的称为“下色”，也叫作“屏”。“上色”主要靠一条精心锻造的纤细钢枝支撑，这钢枝叫作“色梗”。“飘”与“屏”互相辉映，构成完美的飘色整体。飘色的迷人魅力在于“飘”，其左足立于钢枝上，右足摆动，身体凌空，似无依托，令人惊奇。

飘色的儿童须严格挑选，长相俊美、胆大开朗者当“色仔”、上“色梗”，这被当地民众视为荣耀。台山浮石飘色共有10个色柜，各以一个历史故事来命名，如“赵子龙救阿斗”“嫦娥奔月”“牛郎织女”“吕布貂蝉”“平贵别窑”“穆桂英挂帅”“杨金花争帅印”“木兰从军”“劈山救母”“白蛇青蛇”等，反映村民对传统美德的追求。

浮石飘色除参加本地的活动外，还应邀到鹤山、开平等地，以及中国（江门）侨乡华人嘉年华等市内艺术节表演，深受各界人士的好评。1990年和1991年曾两度被邀请至澳门参加水灯节文艺巡游表演。1999年12月，新华社澳门分社特邀浮石飘色参加澳门回归祖国大型巡游庆祝活动，浮石飘色因此名扬海内外。

台山浮石飘色属扛抬式的民间造型综合艺术，当有的地方进行五花八门的“现代化改革”时，浮石村始终保持传统样式，显示其独特的民间习俗个性。由于各方重视，群众积极参与，作为台山民间艺术瑰宝的浮石飘色历久不衰，并不断发展。

1996年，浮石村被广东省文化厅命名为“广东省民族民间艺术之乡——飘色之乡”，1999年又被国家文化部命名为“中国民族民间艺术之乡——飘色之乡”。

〉〉〉2008 年入选国家级非遗代表性项目

灯会（泮村灯会）：
三米多高花灯游遍全乡　四十多村庄龙狮灯共舞

农历正月十三，开平市水口镇泮村彩旗蔽日，爆竹声声。四十多个村庄，家家户户张灯结彩，喜气洋洋。全乡群众簇拥着3米多高的大花灯，以罗伞开路，龙狮伴随，从早晨到黄昏，游遍全乡。这便是泮村别具特色的民间习俗——泮村灯会。

这一天，在外工作的本村人都暂停手中的工作赶回来，外地的亲戚也会赶过来，很多海外华侨即便在春节不回村过年，也要在灯会这一天回来与亲人团聚。他们在爆竹声中面对面嘘寒问暖，在人山人海中挽着胳膊、牵着手，在漫天的爆竹彩纸中端详着对方，再别时也是身遥心迩。

泮村灯会的起源要追溯到明英宗天顺八年（1464年），相传泮村老祖宗邝氏一声

公曾在新会古冈州做官，后来又在泮村建村定居。由于人丁不旺、灾祸频至、百业不振，泮村邝氏十三世祖健斋便去请教岭南名儒陈白沙先生，他认为泮村有五座黑石兽山，即狮山、虎山、象山、马山和牛山，五兽坐镇，本应确保安宁，但因五兽之王的狮子酣睡未醒，其余四兽顽皮捣乱，才弄得民不聊生。

在陈白沙先生的指点下，在正月十三这天，村民编织三个花灯，举灯巡游，各家各户挂灯鸣炮，敲锣打鼓，摇旗呐喊，把狮子惊醒，震慑四兽，自此泮村恢复了太平。从此，每年农历正月十三，各家各户点灯鸣炮，并扎制三个大型花灯，舞遍41个村庄。舞灯之时，有罗伞彩旗开路，龙狮助威，鞭炮齐鸣，民情振奋。人们把活动取名为“泮村灯会”，相沿至今，成为当地习俗。

泮村灯会的全过程包括扎灯、送灯、起灯、舞灯、打灯等几个程序。通常每年灯会须扎制三个重约35斤、3米多高的大花灯，先用竹竿和竹篾扎制成框，用五色纸糊贴成形，再用金银饰纸装饰成图案瑰丽的彩灯。扎灯任务一定要在正月十二中午之前完成。

最热闹的当属“舞灯”。起灯之后，三个花灯分别以不同方向、不同路线，游遍全乡四十多个村，每到一个村，灯和龙都交由该村的村民扛着游行，村民要舞着醒狮在村口迎送，本村的迎灯队伍、狮队紧跟其他村的狮队一起游村，花灯绕村场三周，然后转往别村。有时候，三个花灯相会，龙、狮、灯共舞，其中蹚水进村、翻墙而入、一枝独秀等舞技最为精彩。整个过程热闹非常，成人在场观看或参加舞龙，小孩在灯下、龙下钻来钻去。人们认为，在灯下钻过后，小孩能健康成长、聪明伶俐。

最有意思的则是“打灯”。三个灯按指定路线游完全乡所有村庄之后，分别到达扎灯的三个村，舞着花灯绕村往返三次，在响亮的爆竹声中，把灯挑破。打灯时，村民们一拥而上，争抢灯纸和灯篾，作为吉祥物拿回家，祈求六畜兴旺、出入平安。灯芯则拿回负责起灯的村里，加工成筷子，每户一对，供长者使用，祈求长命百岁。至此，灯会便告结束。

泮村灯会历史悠久，中外传扬，不仅反映了泮村村民祈求平安的美好愿景，还加强了海内外乡亲的凝聚力和桑梓情。

〉〉〉2018年入选省级非遗代表性项目

庙会（洪圣庙会）：
潮连岛上张灯结彩　龙王巡游热闹非凡

每年农历二月十三洪圣诞日，蓬江潮连都会开展别具特色的民间习俗活动——洪圣庙会。当天海外乡亲、社会各界人士集中潮连，整个潮连岛张灯结彩，爆竹齐鸣，热闹非凡。

据史料记载，明万历十三年（1585年），潮连北厢人卢鹭被派往安徽蒙城县任知县，他为官清廉，勤政爱民，素有声望。他待母至孝，因母病且久医无效，又闻当地的洪圣庙神灵，于是亲自到庙求神扶乩开药。母病渐愈，深感神恩，嘱咐其任满离职时，请神回乡祀奉。明万历二十八年（1600年），洪圣殿竣工落成，人们将“南海洪圣广利昭明龙王”神像抬进殿祭礼庆祝。

此后，潮连每年农历正月十九问卜，洪圣诞（农历二月十三）后，洪圣龙王出

游，形成全岛民众合力举行洪圣庙会的习俗。

潮连洪圣庙会传承至今已有400多年，其内容有：掷圣杯问卜、祭礼仪式（祭海、洪圣龙王出巡的祭礼）、打醮和抢水陆炮（十年一次）、洪圣龙王巡游等。巡游到哪村，哪村的姓氏祠堂就举行摆“迓圣”、舞龙、舞狮、做大戏、八音锣鼓队、仪仗乐队等表演，还筵开神诞大餐，席间竞投圣物为公益慈善捐款。

潮连洪圣庙会蕴含着潮连传统特色的“合和”文化，传承和弘扬了“孝、友、睦”等传统美德。它既是地方政府倡导的公益项目，又有社会各界的积极支持、民众的热心参与，是深受民众喜爱的宝贵文化遗产。

〉〉〉2022 年入选省级非遗代表性项目

鹤城客家花炮会：
凝心聚力和睦乡邻　鸣放花炮祈愿平安

每年农历正月十五，鹤山市鹤城镇都会举办闹年宵花炮庙会活动，海内外乡亲欢聚一堂，共话乡情，祈愿新一年风调雨顺、五谷丰登、人兴财旺、家庭幸福、福寿绵长。花炮会过程中，担箩筐、准备生熟猪、唱山歌等客家特色民俗比比皆是，是别具一格的文化元素。

小官田花炮庙会是目前鹤城镇最大型的花炮庙会。康熙年间，客家人钟氏三兄弟带领族人移居到现小官田属地、坑尾村属地等地开村立户，建立了樟树下、作求等村落。为了纪念建村，护佑一方平安，当地百姓合建开村祖庙，恭请"关帝"入驻，并

于每年正月十六举行花炮会供拜，至今已有近300年历史。

城西刘三姐花炮会也有200多年历史，鹤城镇城西村委会下辖的16条客家村及鹤城村委会西门村、龙口镇客家村等每逢正月十九都会举办刘三姐花炮会。同时，鹤城五星、禾谷、万和等客家村，分别供奉天后娘娘、社稷爷、皇佛爷、大王爷、江口爷、洪圣爷等神灵，每年均会举办各具特色的花炮会。

鹤城客家花炮会包括祭拜、接炮、还炮、抢炮等传统流程仪式，具有祈福、年庆、聚会、联谊等寓意。花炮会是集鹤城客家人文化、习俗、信仰、价值观等于一体的文化综合体。鹤城客家人以聚庆促进乡里和谐，以庙市发展乡村经济贸易，以会狮增进村与村的情谊，以文艺活动促进文化发展，助力乡村振兴，弘扬传统文化，传承本族群的内在精神品质。

〉〉〉2009年入选市级非遗代表性项目

玉桥民间传统艺术节：
古老遗俗感恩沐泽　太尉游行最为热闹

鹤山市沙坪镇玉桥乡的民间传统艺术节（原名“太尉诞”），从1300年玉桥开村算起，至今已有700余年的历史。艺术节原先是村民为纪念汉朝开国功臣——太尉陈平对玉桥开村的恩泽而举办，后来演变成一年一度的太尉节。

玉桥民间传统艺术节是玉桥村（九坊）人民自由交流情感的活动，保留了数百年来祭祀时的一些古老遗俗，有着本地区鲜明的祭祀活动特征。因玉桥村分为九坊，故庆祝时间相对较长，每年四月初一至二十二，都是庆祝的日子。

每年农历三月最后几天，太尉庙里便发帖请各坊的值士或族老到太尉庙中开会，商议庆神之事宜。到会值士、族老先到神像前抓阄，决定当年是哪一坊先庆祝，然后按阄顺序各坊依次相庆（称为“龙狮会”），每坊都要庆祝两三天。

最为热闹的要数游行。四月二十二是陈平诞辰纪念日，玉桥乡全体村民集中在玉桥三世易公祠左边的大地堂里庆祝，烧香许愿，请太尉神像，进行大巡行。游行完毕，各村家家户户便准备好丰盛的晚餐，款待亲戚朋友，一百几十桌人齐聚，边吃边谈，场面热闹非凡。聚餐完毕，请回来的大戏团便粉墨登场开演粤剧大戏。大戏一连演几晚，直至庆神活动结束。

现在，玉桥民间传统艺术节已成为鹤山优秀的民间文化代表之一，是联结海内外乡亲的重要纽带。

〉〉〉2009 年入选市级非遗代表性项目

台山汶村庙会：
“三圣”神像巡游“做福”　乡亲云集欢乐祥和

台山历史悠久，台山人的祖先可追溯到南宋或更久远的年代。他们从中原南迁而来，并带来了中原的民间习俗——庙会。

台山市汶村镇汶村村立村于南宋乾道九年（1173年），至今已有800多年。坐落于村中的三圣堂，建于汶村村立村之前，供奉着释迦牟尼、北帝和榕树大圣，村民称其为“大庙”。历史上，村中常遭天灾人祸，波及民生，村民寄托神灵庇护，于是抬起庙中“三圣”神像，在村内巡游，以驱邪祈福，俗称“做福”。

清朝顺治年间，巡游加上了象征活力的舞龙队伍跟随。开始只有一条龙，不久鉴于“始祖陈恺葬于双龙山”，又增加了一条龙。随着人口增长，村内立了东南西北四个闸门，又增至每个闸门出一条龙，使“三圣”出巡初具气派，形成汶村庙会（巡游做福）活动雏形。

清朝乾隆五十二年（1787年），巡游加入飘色、地色、醒狮、八音班等队伍，并规定每十年一大游、每年一小游，形成了颇具规模的庙会活动。

庙会于农历二月初举行，为期五天。庙会时，村里户户张贴春联，处处张灯结彩，彩旗飘扬，灯火辉煌，海内外乡亲和亲戚朋友云集，呈现一派欢乐祥和的节日景象。

汶村庙会是中原文化与岭南文化经过数百年贯通融合的产物，庙会以“祈福”为宗旨，以庙宇为依托，以农村为基地，以农民参与为主体，体现了中华民族农耕文化的特征。

〉〉〉2019 年入选市级非遗代表性项目

张桥庙会：建真君庙纪念先贤　表演形式丰富多样

每年农历二月初一至三月十七期间，开平市龙胜镇张桥一带的自然村锣鼓喧天，热闹非凡，村民陆续庆祝“张真君诞”，俗称“张桥庙会”。

相传张桥先贤炼施先生以符箓之术利人济物，乡亲祈求下雨或者天晴，每求必应。炼施先生仙逝于张桥乡“长平（坪）”，当天傍晚红霞环绕，群鹤齐鸣。后人建真君庙以表纪念，这就是张桥庙会的由来。

“张真君诞”有数百年历史。桥新、桥联、现龙等33个自然村每年排好日期，每个村都会安排3—5天的表演活动，村里的宗亲、乡贤捐资，邀请著名粤剧团、飘色表演团、醒狮队、本地百姓健康舞蹈队等到村里表演。

庆祝“张真君诞”的形式丰富多样，如今，该项民俗逐渐形成艺术韵味独特、文化内涵深厚的盛会。每逢庙会，必定摩肩接踵，人头攒动，拄杖长者拈须而笑，稚龄幼童欢呼雀跃，婀娜少女婆娑起舞，阳刚少年振臂呐喊。此外，各村庆“张真君诞”的内容也在不断变化更新，成为各村民间文化的重要载体，也是村民精神面貌的集中体现。

通过祭祖、做大戏，村民还能与海内外乡亲联络乡情。张氏乡贤还成立了张桥公益慈善联谊会，每年坚持筹集张氏宗亲助学金，鼓励后代承前启后、继往开来、逐浪潮头，使传统文化在现代文明建设中得到传承。

〉〉〉2020 年入选县（市、区）级非遗代表性项目

荷塘霞村天后庙会：
庙诞庆典筹募善款　助贫救困乐善好施

每年的农历三月二十三，是蓬江荷塘霞村天后娘娘圣母诞庆诞日，在这一天举行天后庙会，是当地传承400多年的民俗活动。

当天，由天后宫、旗牌、罗伞、舞蹈队、腰鼓队、纱龙队、八音锣鼓车等组成气势磅礴的队伍，经本村隔山坊、石狗坊、中约坊再直抵文化公园筹款大会场，开始筹款活动并筵开200多席宴请宾客。

荷塘霞村天后庙具有典型的岭南民俗特色，是研究岭南民俗传承与发展的重要样本。民间和政府通力合作，以庙诞庆典进行筹款，助贫救困，深得民众支持，也凸显出当地人乐善好施的品格。

》》》2022 年入选县（市、区）级非遗代表性项目

同和客家闹元宵：
欢庆“元宵大过年” 村民“太公分猪肉”

新会区大泽镇同和村有着“元宵大过年”的说法。闹元宵的习俗自清道光年间世代相传，至今已有百余年历史。

闹元宵活动在农历正月十四下午拉开序幕。随着阵阵鞭炮声、锣鼓声，醒狮起舞，村妇们到后山上的仙娘庙去拜祭。傍晚，举行客家特色围餐晚宴叙乡情。晚宴后还有曲艺团、客家山歌等文艺演出。

元宵节当日庙会，气氛更为热闹高涨。仙娘庙挤满前来祈福的村民，祈福仪式结束后，村民们把烧猪抬回村里，分给每户一份，称为“太公分猪肉”。

如今，不少外地游客前来同闹元宵节，品尝客家艾糍、红糍等特色美食。

》》》2009 年入选县（市、区）级非遗代表性项目

抢花炮：
竞投花炮供奉祈福 抢拾“炮头”你争我夺

蓬江区棠下镇几百年来盛行“抢花炮”、供奉“炮头”的传统习俗。每年的正月初一到十五（元宵节）或农历二月十九观音诞、天后诞等神诞，都有规模盛大的“抢花炮”活动。

“抢花炮”的第一个环节是竞投花炮，价高者得。竞得者将“炮山”抬离人群点燃，“炮头”轰然蹿上天空而后落下，围观者蜂拥抢拾。拾得者高举“炮头”到大会领取赏金。全部花炮竞投燃放完毕后，由村里组织醒狮起舞，吹奏八音，在爆竹声中，将“炮头”神牌逐个送到竞投得主的家中，每日烧香供奉，祈求四季平安、五谷丰登、村运昌隆。

〉〉〉2022 年入选市级非遗代表性项目

圣母游巷：齐聚灯寮奉香燃炮　圣母巡游挨家挨户

春节期间，特别是正月初五和正月十六这两天，开平市塘口镇下讴村里家家户户齐聚灯寮，纷纷奉上香宝蜡烛，燃放鞭炮，拜祭圣母。之后，巡游队伍便抬着圣母游过每家每户，俗称“圣母游巷”。

下讴村圣母游巷的风俗从下讴村建村沿袭至今。每年春节期间，外出求学或谋生的村民都会回到村里，参与这一盛会。圣母游巷沿袭至今，已成为特色的地方风俗。下讴村的圣母庙在立村时就建成了，庙中的碑上记载，圣母庙曾分别在1894年、1949年、1996年经历三次重修。

圣母游巷活动包括“扫灰”、接圣母、挂灯、开灯、煮酒、圣母游巷、散灯等多个仪式，都有特定的含义。正月十六，是下讴村圣母游巷的日子。上午9点，村民齐聚灯寮，奉上香宝蜡烛，燃放鞭炮，拜过圣母之后，游巷就正式开始了。首先由大锣大镲开路，再有路程牌“肃静”“回避”跟着。其后由儿童抬着“七路教头”，再后面有四人大轿抬着圣母，狮鼓队相随助威。游巷队伍挨家挨户游拜，村民在家里准备好三牲酒礼，迎接圣母的到来。游拜完毕，众人就把圣母抬回灯寮安放好。

圣母游巷活动具有中华民族传统民间文化活动的特色，丰富了人们的文化生活，表达了乡亲们对国家昌盛、家庭幸福的美好愿望，也进一步加强了海内外乡亲的凝聚力，使之成为沟通乡情的纽带。

〉〉〉2022年入选市级非遗代表性项目

古劳麦水勅力诞习俗：
年例巡游近四小时　“十载酬恩”盛大打醮

古劳麦水勅力诞习俗为鹤山古劳任氏独有的宗族神灵崇拜。任氏在南宋就迁居至鹤山古劳。据传，任氏族人在江中捞起刻有任氏十三世祖、东汉云台二十八将之一——任光的灵牌，便在此地修建勅力庙，并在二月初六举行盛大的勅力诞传统习俗巡游活动。

活动分为年例巡游和“十载酬恩”。年例巡游之前的初一至初五，族人将勅力元帅神像（即“勅力公”）在四座任氏祠堂中轮流供奉。初六则沿着村域举行巡游活动，巡游一般持续近4个小时，参加人数三四千。“十载酬恩”每隔十年举办一次，在正月初十进行盛大的打醮活动，各地任氏族人都会参加，人数超过一万。

勅力公出巡时，现场鼓声齐鸣，壮丁们抬起勅力公，其他村民、游客举着风车，组成浩浩荡荡的队伍，一年一度的游神活动正式开始。家家户户都用心准备祭品迎接勅力公，村民在一片爆竹声中祈求来年身体健康、风调雨顺。

勅力诞由任氏族人集体传承，主要由族中有较高声誉的老者主持，统筹安排每年的活动事宜。如今的传承由老中青合力，具有较旺盛的生命力。古劳麦水勅力诞以诞聚族，激发族人对生活的向往；以派传承，保存较完整的传统仪式；以会联谊，具有沟通海外华侨的功能。

如今，这一古老的习俗为探索岭南宗族的发展之路，推动乡村治理发展、民俗传承发展提供了很好的借鉴，更在推动地方社会经济发展、沟通联系海内外乡亲上发挥着积极的作用。

〉〉〉2009年入选市级非遗代表性项目

恩平歇马励学制：
义塾学子奖“学谷” 尚学造就“举人村”

在恩平市圣堂镇，有一个“举人村”——歇马村。在明、清两代，歇马学子考取功名或有官职的就有670人之多。

歇马村建于元朝至正年间，距今已有670多年历史。“耕读传家”与“入仕为官”为歇马梁氏重要的文化价值取向，由此积淀了深厚的歇马人文历史，衍生出丰富多彩的歇马文化活动。歇马梁氏深知“家风之盛在人才，而人才之兴必殷培育”，因此，热衷办学成了歇马村的传统。

歇马当年培养人才的义塾均设在宗祠，办学的经费由歇马的公田支持。同时，入读学子由村里每年供给24担“学谷”；在考取秀才以上功名后，则终身享受“学谷”待遇。这种励学的有效机制培植出了浓厚的尚学精神。

歇马梁氏深谙“名师出高徒”之理，他们在延聘高师上很舍得出资，举人、进士、翰林等文人俊彦都曾为学堂、书院执教，并享受隆重的礼遇。

歇马励学制蕴含着独特的人文精神，激励、影响着歇马的子孙，在歇马梁氏的繁荣与兴盛中起到了重要作用。

歇马至今屹立的一座座祠堂书房、被族人高高挂在厅堂上历代官府吏员的块块题匾，以及耸立在村前村后的功名碑林，成为梁氏宗族的激励标志和历史标识，具有较大的历史价值和文化价值。

〉〉〉2007 年入选市级非遗代表性项目

新会鱼灯：孩童提灯穿街过巷　美丽可爱喜气洋洋

农历正月十五元宵节，新会有“元宵灯烛箫鼓彻夜为乐”的传统。每到春节，新会会城步行街、知政北路一带挂满了各种灯，有鲤鱼灯、腊鱼灯、走马灯等。其中新会鱼灯的历史可追溯到清朝，是有名的传统工艺，已有近400年历史。

新会鱼灯主要指鲤鱼灯。过去会城的每条里、巷都在入口处设“社公”（社坛，一方土地之神）。农历正月十二晚“社公”开灯，孩子们提着鲤鱼灯聚集游玩，成群穿街过巷“游灯”。农历正月十五为“大灯晚”，一连几个晚上都是小孩子们的快乐时光，至十六“完灯”，也有的延至十八“完灯”。

鲤鱼灯规格有大有小，由纱纸、竹、红纸、彩纸、红线、牛皮胶、金粉、铁等制成。制作时先用竹篾扎成大肚子鲤鱼框架，再封上印有金鳞的红纸等，鱼腹下和鱼脊上留有空洞，以便透气，鱼肚中间有竹篾架，可插一支点亮的短蜡烛。鲤鱼灯的形象美丽可爱，肥壮的鲤鱼、金色的鳞片，是丰收和吉祥的象征，很有喜庆色彩。

会城兴鲤鱼灯的习俗，与会城人喜欢鲤鱼也有很大关系。当地人喜欢吃鲤鱼，特别是海鲤，会城俗语：“吃亚海鲤，唔使冚被。”（吃了海鲤不怕冷，晚上睡觉不用盖被子。）另外，“鱼”与“余”同音，寓意年年有余；鲤与“利”谐音，寓意发财，同时，生鲜鲤鱼又有“好生理”的意头，会城童谣如此唱：“鲤鱼屈屈尾，主人好生理；鲤鱼噏噏鳃，主人大发财。”

〉〉〉2008 年入选县（市、区）级非遗代表性项目

“光标”庆灯：初九挂灯初十开灯　戏班醒狮前来助兴

每年正月初九至十六，恩平市大槐镇锦岭村热闹非凡，“庆灯”活动如约而至。初九挂灯，初十开灯，十二“光标”，十五册灯，十六送灯，全村男女老幼参与，村子还聘请戏班、醒狮、锣鼓八音前来助兴。

正月十六下午，文武队伍恭送菩萨回公庙安坐，挂花灯的家主、抱“光标”的男丁提花灯到公庙周围悬挂，将灯绳收回家中放好，意为大王菩萨回到家，可以保佑人们健康成长，前途美满。

作为恩平民间传统习俗之一，“庆灯”仪式历史悠久，尤以大槐镇锦岭村的庆灯习俗最有代表性，其历史已超200年，几乎相当于与锦岭村同成长。

〉〉〉2017 年入选县（市、区）级非遗代表性项目

鹤城客家上灯习俗：添一新丁升一盏灯　宗族祈愿子嗣旺

农历正月初六到初十，在鹤山鹤城的客家村中，新添了男丁的家庭全家出动：爷爷带上花灯或跑马灯，奶奶挑着“一担箩”，父母抱着刚出生不久的男婴，高高兴兴地前往村中的钟氏祠堂“上灯”。

“上灯”，又称“点灯”“升灯”，已有250多年历史。上灯前，按照男丁出生的时间顺序排好上灯顺序，将灯悬挂于祠堂的上厅、祖宗灵牌的前方。举行上灯仪式的同时，祠堂内外鞭炮齐鸣。

在客家宗族里，凡是新添了男丁都要举行上灯仪式，举行上灯仪式后，男丁才正式成为宗族的成员。

〉〉〉2013年入选县（市、区）级非遗代表性项目

工程兴工仪式：择好良辰吉日　祈求工程顺利

工程兴工仪式在恩平民间流传甚广，以至于现在的家居工程（不论大小，不论新旧），或是一些重大公共工程，都要进行工程兴工仪式，以祈工程顺利、安全。

工程兴工仪式源远流长、历史悠久、世代相传，直至现在，积累了良好的集体传承基础。其具体做法为：择良辰吉日，在屋地一角用木板搭建一简易神龛，贴上用大红纸写成的诸如“兴工大吉”“百无禁忌”等字句，备好祭祀用品，在此神龛前燃香祭拜，继而对建设所需地块稍做翻新平整，祈求工程顺利、安全建造新居。

〉〉〉2013年入选县（市、区）级非遗代表性项目

新居入伙仪式：居有定所是幸福　宴请宾客祈安乐

在许多人的观念中，居有定所是幸福美满的条件之一。而在恩平市，有这样一个习俗：人们在入住新房前，须举办入伙仪式，宴请宾客，以祈家宅安乐。

新居入伙仪式的具体做法是：第一，主人择良时吉日举办仪式；第二，入伙当天，门口两边须张贴对联；第三，将祖先牌位接回新居；第四，请亲戚担酒米到主人家贺新居；第五，主人家大摆宴席，接待来贺新居的亲朋好友。

新居入伙仪式历史悠久，传承至今，有较好的集体传承基础，表达了屋主祈求入住后家兴业旺、健康吉祥、人口繁衍的美好愿望。

〉〉〉2021 年入选市级非遗代表性项目

楼冈网墟：疍家人精神圣地“神仙网”传说流传

楼冈网墟，是悠久的开平疍家文化所衍生的产物。开平濒临南海，域内水域宽广、河网密布，有潭江、苍江等数百公里的内河河道，直达珠江口。两岸的陆地上，居住着众多疍民。

“靠山吃山，靠水吃水”，疍民生活在水上，最主要的谋生手段，就是渔业。捕鱼所使用的工具，除了船只，还有网。庞大的疍民群体，就有庞大的捕鱼业，从而催生出了庞大的网市。

据《开平县志》和《长沙镇志》记载：“是日，凡顺德、新会、新兴、恩平、台山各县渔民所织造之网，先期运至，以待发售。其邻县购网者亦结队齐到，初十夜旅客露宿，挤拥达旦，他市所未有。”这里记载的，就是楼冈网墟的场景。

每年农历八月十一，楼冈网墟如期而至，年年如此，经久未衰，至今已有近400年历史。在民间，对楼冈网墟的由来，有“神仙网”一说。传说，网墟里，有一张“神仙网”，谁买到，谁就能捕获到更多的鱼。

疍家文化和“神仙网”传说所衍生的楼冈网墟，让“楼冈”成为附近疍家人、渔民们的精神圣地。现在，这个节日不但有网商、渔民参与网具的交易，更有众多当地群众、远道而来的游客参与其中，并用镜头记录网墟的盛况，亲身体验400年网墟的故事。

〉〉〉2013年入选县（市、区）级非遗代表性项目

二月二节：龙头节祈龙赐福　冀盼辉煌与腾达

双二双三做艾藤

恩平人有在农历二月初二做艾糍、三月初三做乌杈藤糍，用来食用，祭祀龙神和黄帝以求保佑的习俗，也有妇女为小孩祈福在二月初二带供品拜契榕树、桥头等。艾糍、乌杈藤糍有草本清香，可清热祛湿，分别用艾叶、乌杈藤叶捣碎，拌以糯、粘米粉和黄糖制作而成。

在恩平一带，每年农历二月初二，凡是家有孩子的妇人，天将亮时就带上艾糍、角仔糍和猪肉三牲等祭品，到河边、桥头、三岔路边或榕树头等地方拜契和暖福，祈望自己儿女平安长大、飞黄腾达。

民谚曰：“二月二，龙抬头。”农历二月初二前后正是惊蛰，据说冬眠的龙到了这一天，就会被隆隆的春雷惊醒，便抬头而起。所以古人称农历二月初二为“春龙节”，又叫“龙头节”。在科学不发达的时代，百姓们将祈龙赐福，保佑风调雨顺、五谷丰登等强烈愿望寄托在各种各样的春龙节活动中。

〉〉〉2013年入选县（市、区）级非遗代表性项目

三月三节：“挂藤”颂扬无私女　鸡屎藤饼载回忆

“三月三节”源自1000多年前一位妇女为逃难避祸而表现出无私与自我牺牲精神的传说。最初，为颂扬该妇女的高尚品德并祈求躲避劫难，恩平民间每年在三月三“挂藤”，之后逐步形成祈求平安幸福的民间节日。

该习俗的具体做法是：三月初三，在家门口挂上一扎“乌乾藤”，在香筒中插上“香艾”草，行敬拜之礼，且几乎每家每户都会做鸡屎藤饼来过节。其貌不扬的鸡屎藤饼不仅香糯可口，还有清热解毒的功效，美味又健康。同时，鸡屎藤饼作为传承了多年的传统小吃，承载着很多人的童年回忆。

〉〉〉2008 年入选县（市、区）级非遗代表性项目

七月田了节：
七月夏种之后祈福　尊崇祖先体现信仰

明初，恩平乡民听信传说——农历七月是鬼月，是邪神枉鬼扰民敛食的月份。他们认为在农历七月需要通过敬神来讨好鬼神才能保平安，于是，在七月夏种完毕后进行的祈福习俗——“七月田了”节由此诞生。

该节日是乡民相信“人凭神力，草凭春生”的农耕意识的反映。“七月田了”节的仪式包括敬拜无主孤魂和祖先神灵，烧衣物冥财让神灵吃好穿好用好，以期达到安抚无主孤魂、保阳间亲友安康的目的。

这一节日体现了恩平群众尊崇祖先、安抚游魂、祈求平安的信仰，反映出较为丰富的信仰文化内涵。

〉〉〉2020 年入选县（市、区）级非遗代表性项目

三埠石海烧塔：红砖砌塔烧通红　点亮中秋幸福夜

在开平市三埠街道石海村，每年中秋，村民们会用红砖（旧时也曾用瓦片）砌塔。时至傍晚，月升星耀，村里人相聚一堂，“烧塔”就要开始了。火旺之时，整座塔身通红、火星四射，点亮村民们的眼睛，为每个人心中燃起一束祈福的火把。这便是延续数百年的三埠街道石海村“烧塔”习俗。

烧塔过程中需要时不时往塔里扔上一把盐巴，让火堆中响起噼里啪啦的声音。此时，众多村民都会从家里拿出柴草、盐等掷入烧塔，助长火势。火烧得越旺越高，寓意来年乡里人运势越来越好。

〉〉〉2022 年入选县（市、区）级非遗代表性项目

荷塘镇为民村乞巧节：巧手做饰物拼手艺　谁是村中"巧女""巧姑"？

在蓬江区荷塘镇为民村，乞巧节到来之前，村中各家各户的妇女早早地买来各种花纸、花布，凭着一双巧手，制成亭台楼阁、小桥、人物等饰物，又或在冬瓜或西瓜的外表上刻上各种文字和图案。过去的乞巧节，妇女们还会当场进行针线活、剪纸、扎花等比赛，争做"巧女"或"巧姑"。

当晚，村里还会舞龙助兴、放电影、做大戏，全村沉浸在一片欢乐的气氛中。妇女们在这天晚上举行各种活动，比拼手艺，向织女星乞求智巧。乞巧节逐渐成为妇女展示才华、社交游乐的节日，一直流传至今。

〉〉〉2022 年入选县（市、区）级非遗代表性项目

大鳌水上迎亲：船作花轿彩旗飘飘　疍家习俗源远流长

新会区大鳌镇处于西江下游的江心岛，过去的大鳌人都是以舟楫为家的疍家人，出行来往皆依靠船只，故形成了水上迎亲的婚庆形式。大鳌水上迎亲有着深厚的疍家文化内涵，其流程包含迎亲、拜堂、宴客、摆茶会等。

在大鳌人的传统婚礼中，船是接新娘的"花轿"——迎亲船装饰华丽、彩旗飘飘，船上敲锣打鼓、放满嫁妆。新娘身穿嫁衣，头盖方巾，由一位大妗姐打伞护着，上船时媒人边向伞面撒爆谷边唱祝福的咸水歌。船靠岸后，船上的人搭好"新娘桥"，新娘才上岸。随后迎亲船拔篙回航，鞭炮锣鼓齐鸣。

〉〉〉2008年入选县（市、区）级非遗代表性项目

偷青：正月十五偷青菜　少女嫁个好郎君

相传在1000多年前，恩平堡罗岗村有一个五口之家，父亲去世后，一家人的生计负担落在15岁的女儿身上。正月十四，女儿因劳累过度晕倒在野外，亡父鬼魂于烟雾之中飘出，教她于正月十五晚到别人菜地里偷些青菜回家煮了吃，就会有美满姻缘和幸福生活。

女儿遵父嘱，而后果然嫁与一大户人家，娘家也从此过上富足的生活。此事于乡里流传开来，少女偷青也成为当地独特的习俗。女孩在偷摘时要故意留下一些痕迹，以引起菜主人的责骂，因为被责骂得越厉害，就越有好兆头，将来的生活也会越富足，所嫁的郎君才越如意。

〉〉〉2011年入选县（市、区）级非遗代表性项目

重阳圭峰登高习俗：九月登高随山走　尊老爱幼讲孝德

每年农历九月初九，新会圭峰山上人头涌动，一片欢腾景象，堪为大观。

圭峰山为南粤名山，“邑之镇山”，圭岭远眺，景观壮丽，因此人们对游圭峰情有独钟。新会童谣中唱道：“九月登高随山走。”清代道光《新会县志》更是对重阳圭峰登高的场景进行了详细的描述——“九日登高，饮茱萸酒，食芝麻糖，谓之结缘，童子竞放纸鸢，圭峰诸山游人如市。”

重阳节登高融合了尊老爱幼、讲孝重德、报本思源的传统文化。重阳圭峰登高在改革开放后人气更旺，每年参与人数常有10万之多，最多达20万之众。

〉〉〉2008 年入选县（市、区）级非遗代表性项目

小儿百日：
抓阄礼喝汤吃咸拜床头　为新生儿送上美好祝福

在恩平，新生儿出生百日之际，家主邀请亲朋好友，为孩子举行祈求神明保佑、消灾纳福，期望孩子平平安安、健康成长的仪式，便是百日礼。

小儿百日仪式主要有四步：孩子与全体来宾见面，家主介绍孩子的名字及其寓意，接受来宾的恭贺；抓阄礼——以孩子抓取的物品来占卜孩子未来的职业和性格；喝汤吃咸，祈望孩子健康成长，有个好前程；拜床头婆，祈求孩子得到神明保佑，消灾纳祥。

小儿百日仪式具有浓郁的地方特色，寄托着长辈对新生命的祝福。

〉〉〉2007 年入选县（市、区）级非遗代表性项目

桃源社日：立春立秋敬土地神　人来人往堪比过年

在鹤山市桃源镇，每到桃源社日，村民备下煮熟的三牲祭品，带上香火蜡烛、纸钱等到村边土地庙祭供，场面肃穆。祭拜后分享祭肉，聚众宴饮，奏乐欢娱。

所谓“社”，就是土地之神。中华民族作为农耕民族，对土地神怀有先天的敬畏之心，从商代起人们就进行祭祀，后代逐步完善，成为“社日”。桃源社日分为春社与秋社，一般为立春、立秋前后几天。

每当社日，桃源的圩镇上人来人往，比过年还热闹。时至今日，在桃源社日做应节食品之俗仍然保留，人们仍习惯在此日回家团聚。

〉〉〉2022 年入选县（市、区）级非遗代表性项目

茅龙笔书法：牵丝飞白相得益彰　飘逸狂放交相辉映

500多年前，长居新会圭峰的陈白沙先生创制了茅龙笔，茅龙笔书法也由此开创。白沙先生留下来的茅龙书法作品20多件，都堪称“茅龙经典”，其代表作《慈元庙碑》，巧拙并用，刚柔相衬，流利与丰腴互陈，被誉为“岭南第一碑”。

茅龙笔书法牵丝飞白相得益彰、飘逸狂放交相辉映，在全中国乃至日本、东南亚、澳大利亚广泛流传、备受推崇。江门市、广州市、上海市、广东省、福建省等地博物馆以及故宫博物院、美国休斯敦大学美术馆等机构，都藏有茅龙笔书法的碑刻、拓本、手卷等，可见茅龙笔书法影响之大、价值之高。

〉〉〉2008 年入选县（市、区）级非遗代表性项目

海宴汶村书画：翰墨流芳沁山野　书画为媒传情谊

谁说书画是文人雅士们的专享？位于台山市西南沿海的海宴镇、汶村镇，背山靠海，田野广阔，浓郁的乡土气息中，饱含着翰墨的芬芳。当地人在辛勤劳作的同时，酷爱研墨习画、以书会友、以画传谊，涌现出陈洞庭、伍彝生、黄增炎、容子标、陈邦仕、关齐等一批书画名家。

海宴、汶村素有“书画之乡”的美誉，书画艺术家和爱好者经常切磋技艺、交流经验、即兴挥毫及办各类展览，创作的一批作品在全国和省、市展出或获奖，以村、镇为单位或个人出版了多份书画作品集。

〉〉〉2017 年入选县（市、区）级非遗代表性项目

传统中式手绘仿古墙纸技艺：手绘精品扬名海外　成艺术博物馆馆藏

台山市海宴镇素有“书画之乡”的美誉。祖籍海宴镇的陈羽精通传统中式手绘仿古墙纸技艺，他于1957年在香港创立了真美墙纸公司（宏雅手绘墙纸有限公司的前身）。20世纪80年代初，陈羽返回内地成立生产手绘墙纸的公司，并在家乡传徒授艺，传统中式手绘仿古墙纸技艺在海宴镇逐渐流传。

多年来，陈氏三代人共同努力，培养了一大批经验丰富、技艺娴熟的画工。宏雅公司一直为世界各地顶级墙纸销售公司、设计公司提供质量超群的手绘精品，至今很多欧洲艺术博物馆或者历史名宅中仍保存着相当数量的中式手绘墙纸。

〉〉〉2022 年入选县（市、区）级非遗代表性项目

大理石画制作技艺：曾为贡品进献皇家 具有较高艺术价值

从宋代开始，大理石画成为进献皇家的贡品。在江门，林柏枝成立的海琴石画店为业内规模最大的大理石画作坊，国内五大红木家具生产基地（广东珠三角、福建仙游、河北大城、浙江东阳、江苏苏州）均到此取货。2022年，大理石画制作技艺入选蓬江区第八批非物质文化遗产名录。

林氏石画可追溯至南诏国。据传，南诏国时期修建大理三塔时，征调大量中原汉族石匠，林氏先祖作为其中一员，在大理双鸳村定居，祖祖辈辈做石匠营生。

大理石画具有较高的艺术价值与独特的审美意趣，提升了广作家具的实用价值与观赏价值，对研究传统的石画制作技艺具有重要意义。

〉〉〉2007 年入选县（市、区）级非遗代表性项目

开平壁画：壁画点缀百年老宅 融汇中西雕刻时光

走在开平市城乡街道上，不难遇到开平壁画。令人惊奇的是，不少百年老宅墙上的壁画，绘有西方的轮船、火车，中西合璧的风格，成为一道独特的风景线。

开平壁画的出现，可以追溯到三四百年前。当年从中原地带迁居而来的先民，把来自中原的文化知识绘在后来出现的青砖房屋上。而海外乡亲回乡建造碉楼房屋，亦带回了以西洋风光或者是西方新事物为题材的图画，让开平壁画呈现中西合璧之美。

〉〉〉2009 年入选县（市、区）级非遗代表性项目

司前木板年画：雕版刻画民间祈愿　色彩丰富栩栩如生

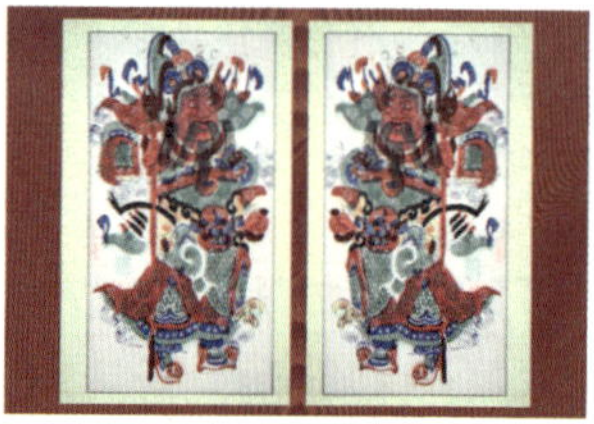

如果古时在春节到新会区司前镇龙安村走一遭，欢乐吉祥的氛围就会扑面而来——家家户户大门、房门上张贴着喜庆的年画，有“三贵送子图”“肥仔图”“将军图”“状元及第图”“仙女图”等。其中“三贵送子图”是少妇的最爱，也是卖得最好的年画；“肥仔图”专贴在新婚夫妇卧室的门上；“将军图”要贴在大门上。

在广东，木板年画至少有600年的历史。在龙安村，村民除了耕地种田，农闲时家家户户都印制年画来卖，木板年画是当地村民的副业，远近闻名。

〉〉〉2022 年入选县（市、区）级非遗代表性项目

新会木版神祃：木刻版画的活化石 简拙有趣镇宅护家

新会木版神祃是一种手工刻制印刷的木版画，多作镇宅护家之用。其风格自由、粗犷、简拙而别有趣味，目前主要流传于会城、双水、崖门、三江、古井等地。新会木版神祃题材丰富，有《文昌公》《北帝》《关公》等30多种，是岭南民间木版神祃艺术的优秀代表。

木版神祃被称为木版年画之“鼻祖”，以其独特性和原始性被誉为“中国木刻版画的活化石”。新会木版神祃承载和保留了民间古老的文化底蕴与内涵，是新会民俗文化的标签之一，也是五邑和岭南传统文化的重要元素，同时为人类学、民俗学、宗教史、美学史和印刷术的研究提供了素材。

第二章　听觉

你听！在五邑纵横交错的河网和珠江出海口，疍家人唱的咸水歌，响彻水乡……时过境迁，这些美好的音律，口耳相传，流传至今。

听觉是人类获取外界信息的重要感官，其对应的“声”，是我们情绪表达、情感交流最主要、最直接的方式之一。不少非遗项目是通过“声”的形式来呈现的，如叱咤上海滩的广东音乐、奏响“高山流水”的冈州古琴、描述当下生活的民歌抑或是激励人心的民间传说等，都是通过“声”来表现“喜”“怒”“哀”“乐”等丰富多样的情绪。

〉〉〉2006年入选国家级非遗代表性项目

广东音乐：玩出“爵士广东音乐” 前卫新潮叱咤上海

你知道吗？20世纪三四十年代，繁花似锦、灯红酒绿的上海歌舞厅里，人们跳着探戈、华尔兹时，伴随着的悠扬的爵士乐，细听之下居然跟广东音乐有几分相似。没错！当年叱咤上海歌舞厅的音乐，其中有不少是广东音乐。早在百余年前，广东音乐就踏着东西方文化融合的先锋浪潮，吸纳了小提琴、萨克斯等西洋乐器，发展出了“爵士广东音乐”这一流派，展现了广东音乐亦旧亦新、兼容并包的特点。2006年，广东音乐列入第一批国家级非物质文化遗产名录。

台山是广东音乐的发祥地之一，被誉为“广东音乐之乡”。台山的八音班（锣鼓架）是广东音乐的活动形式之一，又是广东音乐的原生态载体，具有独特的地方色彩。八音班（乐社）始于明末清初，至今已有300多年的历史。最初的八音班大多演奏佛教音乐和民间小调，如《万年欢》《三皈依》《渔家乐》等曲调，人们常称这些曲调为“广东音乐”。

到清朝中叶，人们已不满足于八音班单纯演奏乐曲，这促使八音班进行改革，开创出一条乐曲演奏与戏曲演唱结合的道路。19世纪60年代以后，粤剧逐渐改用白话来表演，更加贴近群众。这不仅大大加快了八音班演奏乐曲和演唱戏曲结合的发展步伐，使其逐步走向成熟期，而且迅速形成了一支广东音乐的创作队伍，创作了大量广东音乐，如《大开门》《小开门》等120多首牌子曲，以及《八仙贺寿》《玉

广东音乐

皇登殿》《仙姬送子》等14首套曲牌子和《六国封相》全套演出本（约一个半小时），还有《娱乐升平》《走马》《双星恨》《昭君怨》《狮子滚球》《赛龙夺锦》等数百首广东音乐。

这些牌子曲、广东音乐不仅大大丰富了八音班的演奏内容，还融入了粤剧粤曲的唱腔，使八音班的演奏、演唱娓娓动听，令人耳目一新。这些乐曲从各个侧面反映社会生活，表现喜、怒、哀、乐等感情，因而深受群众喜爱，成为群众文化生活的主要形式之一。

台山广东音乐国家级代表性传承人刘英翘的家中，有一间“国家级传承人刘英翘工作室”，屋内的墙壁均用隔音棉进行处理，墙上挂着琵琶、二胡、二弦、唢呐、高胡、中阮等民族乐器。除了教授广东音乐之外，这里还是刘英翘和广东音乐爱好者交流、演奏的地方，他们每个月都会聚上两次。

刘英翘自幼受民间“八音班”熏陶，会演奏单簧管、萨克斯管以及二胡等多种民族乐器，尤以箫笛演奏见长。他既能保留广东音乐的特性，又丰富了广东音乐的吹奏技术，被誉为台山“笛王”。

刘英翘介绍，广东音乐传承数百年，其间不断发展、变化。20世纪三四十年代，吕文成等一众粤籍音乐家，对广东音乐的变革起到了很大的推动作用，他们吸收江南丝竹及西方音乐元素，使广东音乐得到长足发展。此外，一些海外台山乡亲将萨克斯管、小提琴、手风琴等西洋乐器传入家乡，让广东音乐的演奏风格更加多样化。

广东音乐数百年前发源于珠三角，谁也未曾想到20世纪初它能扬名于上海，这与广东音乐求同存异和兼收并蓄的特性息息相关。刘英翘表示，希望广东音乐能继续延续其包容性，吸收更多新鲜的元素，让更多年轻人喜欢上广东音乐。

〉〉〉2013 年入选省级非遗代表性项目

开平民歌：想听木鱼须交“小费” 海外流传民歌乡音

在开平民间，流传着“木鱼想听，米又不想量”的俗语，这说明，当时听开平民歌要交点“小费”——一把米；同时也说明，此时的民歌艺人有一定的专业水准，否则无法借助民歌吸引听众，收取谷米果腹。

开平民歌的历史，要追溯到明成化年间，当时在民间兴起一种用开平方言创作民歌并演唱的清唱体，这便是开平民歌。它受南迁中原人的文化影响，吸收迁徙民众带来的各地民歌，与周边地区民歌交流融合，得到了较大发展。

1955年起，开平的文化部门开展对开平民歌资源的挖掘、整理，对开平民歌进行普及和改革工作，使其从乡间田野走上了大舞台。20世纪五六十年代，是开平民歌演

唱活动最为普及、兴旺的时期，涌现了一大批作者和民歌手。开平民歌由演唱单首曲目逐渐发展到把多种曲调综合在一起，编成民歌表演和民歌剧演出，现在此类民歌小戏剧目有百余个。

开平民歌省级代表性传承人张巨山创作了500多件曲艺作品，由于能唱能写，他被誉为“开平曲王”。在创作中，张老在保留开平民歌精髓的基础上，顺应时代发展予以创新，让开平民歌更容易为年轻人所接受。

开平民歌还在美国、加拿大、中国香港等60多个国家和地区中的华人侨居地流传，成为五邑海外乡亲、港澳同胞传递乡音、沟通乡情侨情的纽带。张老坦言，最大的心愿就是将自己的全部技艺传承下去。

〉〉〉2012 年入选省级非遗代表性项目

恩平民歌：十余歌种日常吟唱　五百多年历久不衰

曾几何时，在恩平大地上，放牛牧童对唱的《牧歌》回荡山间，收旧者唱的《收旧歌》响彻村巷，渔民劳作时唱的《螃蟹歌》飘荡海边……这便是恩平民歌。

恩平民歌源于明代成化年间，是中原文化与本地文化相互融汇的产物。在500多年的历史长河中，恩平劳动人民创造出地方风味浓郁的劳动民歌、仪式民歌和生活民歌，包括花笺歌、夹房歌、牧歌、舞春牛歌、莲花歌、摇钱树歌、喊三国、螃蟹歌、收旧歌、童谣等十多个歌种。

年近八旬的吴荣光，自少年时代起就活跃在民歌舞台上。1964年，大田深水岗剧团师傅吴洪基发现吴荣光的民歌天赋，遂带其拜当时恩平县海燕粤剧团演员吴家英为师，学习恩平民歌的演唱。

1975年，因唱恩平民歌小有名气的吴荣光，被时任恩平县文化馆戏曲干部、著名民歌手梁振牛收为徒弟，全面学习恩平民歌的唱、演和写，创作出《老树新花》《盲光摆骗局》《再进南村》《缘分》等作品，屡获殊荣。

作为恩平民歌传承人，吴荣光不遗余力，2000—2002年写成八万多字的《恩平民歌编写与唱腔基本板式》辅导书稿，并积极开展或参与恩平民歌培训、传习活动。

恩平民歌500多年来历久不衰，对于发扬中华民族优秀传统文化、构建恩平侨乡和谐社会，都有着重要而深远的影响，更是维系海外侨胞、港澳台同胞乡情的精神纽带。

〉〉〉2007 年入选市级非遗代表性项目

大鳌咸水歌：即兴对答问字求腔　唱腔演变颇具韵味

咸水歌是珠江三角洲沙田地区人民最为熟悉的民歌，也是粤语方言地区流传最广的歌种之一。历史上有这么一种说法，“有大沙田就有人耕作，有人耕作的就有咸水歌”。新会大鳌咸水歌有着数百年历史，其唱腔、唱法经过演变，具有独特的韵味。

咸水歌，也被称作“疍歌”，就是疍民或疍家人唱的歌。疍民广泛分布于珠江水系的江面和沿海地区，他们以舟楫为家，以捕鱼或运输为生，凡有他们的身影之处，便可听到疍歌。

沧海桑田，珠江三角洲一带浅海湾受过三次海浸和海退后，大片海积滩涂形成了河涌交错的平原区，由于海水是咸的，人们称为“咸水田”，亦称为“大沙田”。大部分疍民过着半渔半农的生活，疍歌因此被称为“咸水歌”。

咸水歌往往采取对唱、赛歌、咸水歌擂台等即兴创作方式，且并非按固定旋律填词，而是按固定的结构格式和基本的调式、旋法和终止式演唱，按方言字调和平仄音高走向形成曲调，俗称“问字求腔”。

到了明清时期，咸水歌成为珠江水乡最有群众基础的说唱形式，从偏僻的河湾唱到珠江出海口，从边远的小镇唱到繁华的都市。咸水歌源远流长，是沙田劳动人民世世代代流传下来的珍贵文化遗产。

〉〉〉2007 年入选市级非遗代表性项目

恩平木鱼：音节优美易记易唱　包罗万象吟诵世态

关于恩平木鱼的来由，有一段传说。明末清初，恩平乞丐上门乞讨时，为获取人们的好感和施舍，以押韵方式吟诵祝福等好意头的话，或叙述生活的苦难和自身凄凉经历，形成了恩平木鱼的雏形。后来，民间艺人在此基础上结合佛教徒敲着木鱼念经的腔调，获得人们的喜爱，便流传下来，此种行腔被称为“木鱼腔”。

1950年以前，恩平木鱼是清唱的自由体，之后，有部分盲人携带简单的乐器（主要是秦琴）串门过村，自弹自唱卖艺为生。随后恩平木鱼逐渐兴起，成为全民性的娱乐文化项目，演唱形式由独唱发展到对唱、小组唱、表演唱、大合唱等。伴奏乐器也演变成多种，主要有锣鼓、木鱼、高胡等，随着西洋乐器的传入，又增加了萨克斯、手提琴等。

恩平木鱼的唱腔有金腔、龙舟腔、龙头凤尾腔、庚子腔、东风腔等十多种。恩平木鱼对格律的要求较严格，多采用“七言”和“梅花间竹”韵，即是在一句完整的乐句中分为上下句，其音韵形式为：上句一仄一上平，下句一仄一下平，周而复始。以这种方式创作出来的木鱼，不但音节优美，而且易记易唱。

恩平木鱼吟唱的内容包罗万象，有借景喻志、托事言情、神话传说、感叹世态、劝人从善、反映时政等等。特别在20世纪60年代以后，借恩平木鱼颂扬社会进步、反映人间真情成为主流。

〉〉〉2007 年入选市级非遗代表性项目

开平卖鸡调：古腔响起如临乡野　诙谐活泼唱出国门

“灵鸡，灵鸡，头顶红冠足踏泥。你是凤凰三太子，发落凡间作灵鸡……”开平卖鸡调古腔一起，立刻把听众拉回到20世纪初的乡野田间。

历史上开平是多民族杂居之地，民间歌谣也不断发展变化。据史料记载，20世纪初，开平民间歌谣中的木鱼、夹房歌、童谣、女嫁歌、哭丧歌等已颇为流行，后来又在喃呒（即道士或者祭师）歌的基础上发展出卖鸡调、禾楼歌、八仙腔、梅花调、小卖鸡等曲种。新中国成立后，开平城乡不少业余文艺团体开始演出民歌节目，其中以卖鸡调最具特色。

起名“卖鸡调”，有一个有趣的说法。过去民间举办祭神活动，喃呒做法事时要唱歌，演唱时都会手捧一只雄鸡，本意是借雄鸡的刚健雄伟，祈求乡村发展风生水起、百业兴旺，但看上去却似喃呒在叫卖雄鸡，故名为“卖鸡调”。

古腔的开平卖鸡调，习惯上分起式、正文、结尾三个部分。卖鸡调的唱词格式较为自由，字数、句数都没有严格限制。卖鸡调能够广为流传，除了曲调易于传唱，还有一大特点是内容夸张、诙谐、幽默、活泼、自由，适用于抒情和叙事，尤其适用于赞颂和讽刺。

近年来，开平卖鸡调走出开平，唱到北京，唱出国门，为五邑籍的海外华侨、港澳同胞所喜闻乐见，成了传递乡音、沟通乡情侨情的纽带。

〉〉〉2011 年入选市级非遗代表性项目

台山民歌：民间音韵走上舞台　风土人情尽在歌中

你对“咸水歌”“龙船歌”“牧牛歌”“客家山歌”“刘三妹调”等民歌是否很熟悉呢？它们都是流行于台山的民间歌曲——台山民歌。台山民歌词句优美，音韵悠扬，内容丰富，种类繁多，历史悠久，根据记载，台山民歌的历史可以追溯到南宋理宗时期，至今有近800年。

台山地处我国的南方沿海地区，隋代开始建县（当时台山属新会县），到明代弘治十二年（1499年）自立为县。台山人民经过500多年的辛勤劳动，共同创造了丰富灿烂的文化，台山民歌正是劳动人民在生活劳作的过程中，为表达思想感情而集体创作的一种艺术形式。台山民歌经台山人民代代相传和不断加工，逐步完善，是台山人民智慧的结晶，它像一面历史镜子，反映了台山历代人民的生产劳动和民俗风情。

新中国成立后，文艺工作者通过挖掘、整理，加上音乐伴奏，丰富了台山民歌的作品内涵，加强其表现能力，使之由原来单声唱发展为对唱、合唱、二重唱、小演唱、民歌舞和民歌剧，将台山民歌由民间推向舞台，成为人们喜闻乐见的一个艺术品种。

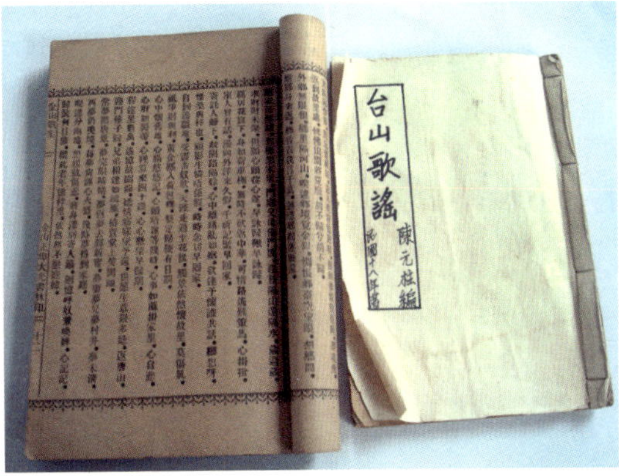

台山民歌还随着广大移民“旅居”海外，成为众多华侨抒发思念家乡感情的重要载体，更成为海内外乡亲传递乡音、维系情感的桥梁和纽带。经旅外乡亲的传播，台山民歌于世界各地广泛传唱，并产生了深远影响。

〉〉〉2022年入选市级非遗代表性项目

粤剧：南国红豆粤韵飞扬　广东首个世界非遗

粤剧发源于广州、佛山一带，后传入广西、香港、澳门。在东南亚和美洲各国华侨居住的地方也均有粤剧演出。粤剧是广东首个被列入世界非物质文化遗产的项目。

粤剧源自南戏，以明清时期流入广东的海盐腔、弋阳腔、昆山腔、梆子腔等为基础，并吸收珠江三角洲的民间音乐所形成。清代道光、咸丰年间，广东本地班在演出中以"梆簧"（西皮、二簧）作为基本曲调，兼收高腔、昆腔及广东民间乐曲和时调，以"戏棚官话"为基本语言，间杂以粤方言，逐渐形成粤剧。

紧邻广佛的江门地区，成为粤剧最早的扩散地，并且很快发展成为粤剧的核心区，从粤剧复兴鼻祖邝新华，到民国时期的四大名旦、四大名丑，再到艺术大师红线女，江门为粤剧贡献了一批又一批翘楚、才俊。如今，新会城内的东关路上，还保留着一座始建于明代的古戏台，至今仍时有粤韵飞扬。

江门市粤剧团创建于1957年，重建于1978年，是江门唯一的专业剧团，承载着很多江门市民和海外乡亲的集体记忆。20世纪80—90年代是江门市粤剧团最辉煌的时期，1987年全年共有248场演出，一场演出的观众往往有万余人之众。

2003年开始，粤港澳三地政府将每年11月的最后一个星期日定为粤剧日，借以扩大受众面，达到推广及传承粤剧的目的。2017年1月，江门在市粤剧团的基础上组建了江门市粤剧传习所，为粤剧在江门五邑地区更有效、更广泛地传播、传承与研习发挥了积极作用。

粤剧

〉〉〉2017年入选县（市、区）级非遗代表性项目

客家山歌：歌随人走口传心授　对山歌纪念刘三姐

天文、地理、历史、人物、生活、风情和劳动生产……在鹤山客家人的生产生活中，无事不成歌，无物不成歌。采茶歌、长音山歌、鲤鱼歌等都是即兴而作。

鹤山客家人把刘三姐奉为歌仙，并在鹤城镇昆仑山的昆山顶建了一座刘三姐庙，立了一块歌仙石。每年正月十八晚上8点至第二天早上8点，鹤城镇城西村周围16条村的客家人都会聚集在此，通宵达旦地唱山歌、对山歌，并供上贡品，在庙前祈福。

客家山歌在鹤山客家地区口传心授，形成了鹤山本地的客家山歌文化，同时保存着中原文化的精华，是中国民歌的典范。

〉〉〉2008年入选县（市、区）级非遗代表性项目

赤溪客家山歌：借物抒情歌从口出　感情真挚曲调悠扬

客家山歌是台山赤溪客家人在日常生活中，以口头文学的形式抒发内心感情的一种民间艺术。“自古山歌从口出”，客家人在山歌中以景物抒情，或以景物喻人，表达对爱情的追求、对美好生活的向往、对真善美的褒扬、对假恶丑的鞭挞。

客家山歌有多种歌调，歌词感情真挚，曲调优美动听。著名歌手陈房郁创作了不少作品，还收集、整理了历代流传和近代创作的作品，出版了《赤溪客家山歌作品集》，为传承和发展这一民间艺术做出贡献。近年来，多位赤溪歌手参加地市、全省山歌大赛，均载誉而归。

〉〉〉2008 年入选县（市、区）级非遗代表性项目

水井民歌：男女对唱互诉情愫　文采绚丽似诗非诗

数百年前，居住在中原的先民南迁岭南，进入珠江三角洲，落户在开平水井地区的客家人，带来了中原地段的民歌，经历代改进，演变成了今日的水井民歌。通过人们口头传唱，水井民歌世代相传。

水井民歌多以情歌为主，也有歌颂劳动以及调笑娱乐等题材。传唱形式一般是男女对唱。现在以文字形式记录下来的水井民歌有：《月令山歌》《采茶山歌》《灯谜山歌》等。

水井民歌富有地方色彩，似诗非诗，创作上采用了押韵、比喻、讽刺、夸张、谐音、双关等修辞技巧，有丰富的文学艺术内涵。

〉〉〉2008 年入选县（市、区）级非遗代表性项目

台山曲艺：从唢呐代唱到粤曲　涌现百余曲艺社团

台山曲艺形成于明末清初，最早以八音班的唢呐代唱形式进行演出，初时多为卖鸡调、禾楼歌和地方小调，后来以粤曲为主。

20世纪20年代，在旅外华侨资助下，台山城乡纷纷办起音乐曲艺社，仅台城地区便有20多个。至30年代，台山便成立了台山音乐公会。

新中国成立后，各地持续开展音乐曲艺演唱活动，涌现出李凌、刘天一等一大批名家。改革开放后，涌现出100多个音乐曲艺社团。2002年，台山市被评定为“中国曲艺之乡”。

〉〉〉2011 年入选县（市、区）级非遗代表性项目

会城粤曲：清唱粤剧分角演绎　社团表演气氛浓厚

新会会城粤曲源自粤剧清唱。清道光年间，有以清唱粤剧为业的八音班，用粤剧的剧本、粤剧的曲调、粤剧的“戏棚官话”分角色演唱。新中国成立初期，会城粤曲演出以时代粤曲为主，有《家史》《新媳妇》等，后改演古装戏。在新会会城大新街、工人文化宫、原会城葵厂等地都有业余文工团进行粤曲演出。

往日的文工团现多改为曲艺社团，分布在会城各个社区以及相关的村委会。如今，每天早上公园路、人民会堂一带都有多个曲艺社团和私伙局进行曲艺表演，场面热闹，气氛浓厚，充分体现了新会曲艺之乡的繁荣发展。

〉〉〉2015 年入选市级非遗代表性项目

冈州古琴艺术：岭南琴派刚健明快　稀世珍本始得复兴

新会在隋唐时期被称为冈州。宋元崖门海战结束在新会，中原南迁的琴人、琴器、琴谱散落在民间。宋遗民在元代收集的宋室遗留古琴曲谱，称为《古冈遗谱》。此后岭南琴学昌盛，琴人辈出。

据闻明代岭南大儒陈白沙也会教授弟子琴术，由他

再收集整理的《古冈遗谱》及其白沙琴学，传播于岭南大地。

清代中叶，广府地区逐渐形成了地域性的岭南琴派，成为中国古琴艺术一大流派。新会是岭南古琴艺术重镇，琴家众多，黄景星编的《悟雪山房琴谱》在岭南琴学中影响最大，被公认为岭南派的经典琴谱，黄景星也被后世奉为岭南琴派创始人。还有咸丰年间蔗湖传抄的古琴谱（后人称之为《古冈蔗湖琴谱》），也是岭南派琴谱稀世珍本。见于著录的琴家还有黄观炯、张文焯、黄国璘等。

由于战乱和时代变迁，名琴名谱散失，使得古琴艺术在新会濒于灭绝。21世纪初，广东古琴研究会到新会搜集古谱，开展琴学研究，推动了冈州古琴艺术的复兴：《悟雪山房琴谱》重印，《古冈蔗湖琴谱》出版，举办古琴文化讲座以及多个古琴培训班，开展各项研究活动，使更多人关注、关心、喜欢古琴艺术，投身于古琴事业者日渐增多，冈州古琴艺术也纳入非遗保护和发展计划。

人们期待着，由黄景星开创的风格古朴、刚健、明快、爽朗的岭南琴派，在创始地古冈州得到振兴。

〉〉〉2022 年入选县（市、区）级非遗代表性项目

白沙古琴艺术：以琴入诗以诗咏琴　寄情山水五百余载

明代大儒陈献章长期居住在江门白沙里，世称白沙先生。白沙先生爱好古琴，被誉为岭南古琴第一人，以琴入诗，以诗咏琴，毕生与琴相伴，有咏琴相关诗文40余篇流传于世。

白沙先生的弟子大多传承了白沙琴学，很多琴友也受白沙琴学影响，不但传承了白沙琴学，还推动白沙古琴艺术在岭南广泛传播。

白沙古琴艺术流传五百余载，以自然为宗，寄情山水，风格清和淡雅。作为本土优秀传统文化的重要组成部分，白沙古琴艺术正随着白沙思想文化的发展而得到重视，2022年被列入蓬江区第八批区级非物质文化遗产代表性项目名录。

〉〉〉2021 年入选县（市、区）级非遗代表性项目

七星狮鼓：七种节奏起承转合　击鼓祈安响彻湾区

七星狮鼓是在祈安祝福仪式上使用的一种击鼓技法，主要流传于恩平市大田镇水口江村一带。该村以孔姓人家为主，他们自称是孔武德（恩平民间故事《孔武德》的主人公）的后人，据传七星狮鼓是孔武德传下来的。

七星狮鼓是一套包括起承转合的敲击音乐，以七种不同的节奏、击打方式和表情，指挥醒狮表演者演示不同的套路。所谓“七星”，分别对应文曲星、武曲星、月老、福星、禄星、寿星、七政星而形成的文鼓、武鼓、好合鼓、纳福鼓、进禄鼓、祝寿鼓和如意鼓，更蕴藏了道家和儒家传统文化内涵。

〉〉〉2011 年入选县（市、区）级非遗代表性项目

沙堆八音锣鼓：八种乐器吹打弹唱　鼓声错落铿锵入耳

新会沙堆镇八音锣鼓起源于19世纪20年代，由锣鼓钹、唢呐、笛子、二胡、梆子、南胡、秦琴、三弦共8种乐器组成，有吹打乐（吹、打、拉、弹）、唱八音、锣鼓柜3种表演形式的。其中锣鼓柜是用花梨木做成的亭轿式可抬动的木柜，四周雕刻着精美图案，柜里可装敲击、吹奏、拉弦、弹拨4类民族乐器。

20世纪20—60年代，八音锣鼓在五邑地区较为流行，其中沙堆八音锣鼓最负盛名，演奏多以广东音乐为主。目前，八音锣鼓在很多地方恢复兴起，作为民间文化艺术之一，沙堆八音锣鼓逐渐被人们重新认识并传承发展。

〉〉〉2009年入选省级非遗代表性项目

崖门海战流传故事：
崖门海战宁死不屈　忠臣义士悲壮豪迈

南宋末年，南宋朝廷被元军一路追杀，南逃至广东新会崖山建立行宫，继续练兵抗元。后来元将张弘范、李桓带领元兵包围崖山。1279年2月，宋元双方在银洲湖展开血战，南宋朝廷战败，十万军民血染崖海。小皇帝赵昺、文臣陆秀夫、杨太后先后跳海殉国，武将张世杰突围后船遇飓风舟覆人亡，南宋至此亡国。被俘的文天祥宁死不屈殉难于大都。

但南宋后裔的故事并未就此结束。南宋灭亡后，逃生者隐姓埋名流落民间。离崖门宋元古战场遗址不远的霞路村，至今已有600多年历史，村里4000多人口中，九成以上为赵姓村民，另有一条慈溪村，村民大多数也姓赵，相传他们皆为宋朝皇族后裔，因此被称作“皇族村”。霞路村现存有宋宗室亲臣赵公祠（耿光堂）等13座祠堂，大大小小的赵氏祠堂清晰地记录了古村的历史脉络。

至明朝推翻元朝后，为纪念忠烈，树立民族正气，人们于宋行宫故址建慈元庙、大忠祠、义士祠等（今为崖山祠），废而复建，世代不断。民间为了怀念抗元英雄、忠臣义士，便根据海战时期以及后来所发生的人和事进行民间口头文学创作，如《崖门史话》《黄龙现海》《皇裔春秋》《缠龙山桔》《陈白沙烟雨吊崖门》等，内容涉及海战战况、宋室君臣、怀念英烈、海战相关的地方风物，以及宋室遗裔、遗臣流落民间的故事。

悲壮豪迈的崖山历史，给后人留下诸多历史遗迹和宝贵文化遗产。

〉〉〉2012 年入选省级非遗代表性项目

陈梦吉故事：
“扭计师爷”济世扶危　惩恶扬善家喻户晓

在电影《算死草》中，周星驰饰演了一位名为陈梦吉的晚清状师，他为了救自己的徒弟阿欢在法庭上舌战英国法官，最终凭借巧言善辩和聪慧，陈梦吉赢得了官司，拯救了自己的徒弟，上演了一出“正义战胜邪恶”的故事。

而在新会流传的民间故事里，有一位主人公也名为陈梦吉，此陈梦吉非彼陈梦吉，却同样机智过人，连人物故事也如出一辙。相传陈梦吉是明代新会的传奇人物，生于明嘉靖年间，住在新会县会城浐湾街大康里（今浐湾路三巷）。他足智多谋，经常

运用聪明才智济世扶危、惩恶扬善。其人其事，传说旷代不衰，人称“鬼才”“扭计王”“扭计师爷”。

陈梦吉天性聪颖，自幼高才绝学。他幼年丧父，历经艰辛，少时应试不第，遂淡泊功名。他玩世不恭，鄙视权奸，爱打抱不平，经常施计戏弄贪官污吏、土豪劣绅，用智慧帮助弱小、济困扶贫，成为胡作非为的权奸的克星、拯危纾困的救星，深受百姓的喜爱与夸赞。

数百年来，陈梦吉的故事一直在新会及其周边地区广为流传，家喻户晓，街知巷闻，并经过人们的口耳相传，流传至岭南其他地区，甚至传到国外，是民间集体智慧的创造，也是祖国民间文学遗产的一部分。

〉〉〉2022年入选省级非遗代表性项目

珠玑巷人南迁传说（珠玑巷移民落籍良溪传说）：千年南雄珠玑古巷　海外广府姓氏原乡

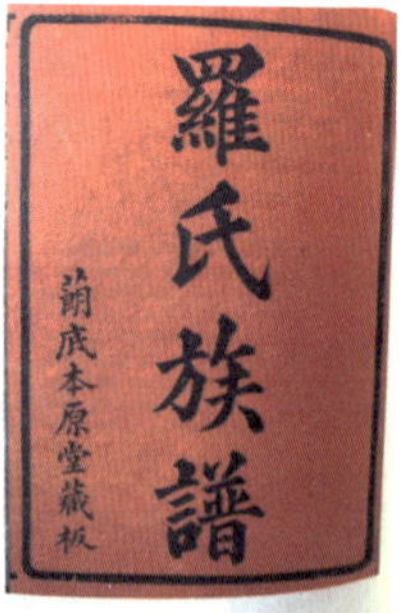

在珠江三角洲乃至海外的广府人现存的族谱中，都明确记载着先祖从南雄珠玑巷迁徙而来，虽异姓族谱中记载的迁徙时间、因由不同，但是核心领头人都是同一人——罗贵（1086—1147），他祖籍山西太原，出生在广东南雄保昌县牛田坊沙水村珠玑里一个官宦之家。

相传，约800年前，苏妃（一说胡妃）因失宠被打入冷宫，后出逃在外，被居住在南雄珠玑巷沙水村的运粮官黄贮万收留，然而遭到家丁背叛，将此事告知官府，官府欲以屯兵珠玑为由屠村缉拿苏妃。当时的罗贵只是贡生，还未

入仕，得到在京城的亲人的密报之后，遂与珠玑巷36姓（一说38姓）97户人家密谋南迁，从正月十六至四月十六，历经千辛万苦，从粤北来到珠江三角洲，落籍良溪。至今蓬江区棠下镇良溪村仍然保存有许多较完整的与罗贵有关的历史文物，如罗贵墓、罗氏大宗祠等。

南雄珠玑巷居民南迁过程中的诸多故事在民间流传。罗贵率众南迁只是其中之一，这是广东移民史乃至中国移民史上惊天动地的一件大事，它改写了广东的历史文化版图，是岭南文化的重要组成部分，也改写了世界华人华侨的历史版图，是中华民族发展变迁的历史缩影。

罗贵的后裔，从珠江三角洲走向了东南亚，走向了全世界。他们秉承优秀的传统文化精神，开拓进取，并反哺祖居地，在经济、文化上做出了贡献。

〉〉〉2008年入选县（市、区）级非遗代表性项目

地仙孔武德：地仙传说惩恶扬善　精彩故事记述“仙迹”

相传地仙孔武德出生于南宋景炎元年（1276年），是恩平大田镇水口江村人。他法力无边，一身正气，惩恶扬善，被誉为劳动人民的保护神。

有关地仙孔武德的传说故事共有15个，分别是遇师、寻师学法、情人内助、“狗屎角”破镜、提脚煲粥、移村转向、惩罚独眼龙、点鞋成鱼、呼风唤雨、点石堵江、神功救童、怒锯牛角、牛角装谷何时满、勇斗蜘蛛精、不幸丧生。目前，大田还留有多处仙迹。

地仙孔武德的传说，寄托了大田人民嫉恶向善的精神，体现了古朴纯良的村风民风，有较高的民间文学价值。

〉〉〉2008年入选县（市、区）级非遗代表性项目

马山的传说：天马下凡助牛耕田　化为大山庇佑一方

开平市赤水镇有一座颇具神话色彩的山。

传说古时候有一匹思凡的天马，趁马官疏忽，私下凡间，被这山清水秀的地方吸引并留在此地。天马见到农夫拉牛耕田维持生计，日子非常艰苦，于是决定助牛耕田，结果收成很好，农夫的生活从此有所改善。

不久，天庭发现天马私逃凡间，便派天将下凡捕捉。天马出逃时被天将所伤，重伤身亡。天马死后天崩地裂、地动山摇。后来，人们发现这里屹立起一座大山，这座山仿如一匹天马在昂首嘶鸣，便将此山称作“马山”。

〉〉〉2008 年入选县（市、区）级非遗代表性项目

诗伯状元与《梅花百咏》的故事：以理入诗吟咏梅花　传奇之作流传甚广

明朝开平“诗伯状元”李江有一著作——《梅花百咏》，收录了100首独具特色的梅花诗，流传甚广。

明朝崇尚程朱理学，即崇尚理论，文学作品往往受到社会形态的影响，体现出以理入诗的特点。《梅花百咏》的咏写对象是“梅花”，写梅花的形态、精神，其中题目带有理学成分，如悟、形象等等，具有抽象化的特点。

研读李江的诗，能获得一种理性的启发，李姓后人整理出版了《梅花百咏》一书，对今后更好地保护该项目有重要的意义。

〉〉〉2008 年入选县（市、区）级非遗代表性项目

状元山的来由：蔡氏中兴高中状元　世代积德终有好报

相传明朝时，福建省出了一名叫蔡中兴的状元，他的祖籍是广东省开平市大沙镇。大沙镇有座“状元山”，据说与蔡中兴高中状元有关。当地还流传着一个故事，讲述蔡家三代乐于助人，世代积德，虽然遭遇风波不断，但是终有好报。人们广为传颂这个故事，以此教育后人。

〉〉〉2019 年入选县（市、区）级非遗代表性项目

潮连民间传说：洪圣殿古建筑依旧　孝道传说广为称颂

位于蓬江潮连富风山麓的洪圣殿（俗称大王庙），始建于明万历二十八年（1600年）。民间流传着许多有关洪圣殿的传说，这些传说对研究潮连的历史文化、民情民俗有着很高的价值。

其中最为著名的传说，当属《潮连乡志》所载：明万历十三年（1585年），潮连北厢人卢鹭中试举人，派任安徽蒙城县知县。他为官清廉，因母病久医无效，听闻洪圣大王庙神灵，于是到庙求神开药。母亲身体痊愈后，嘱咐他任满离职时请神回乡祀奉。卢鹭回潮连后，因庙未建成，暂将神像安奉在容驷里闸门内。当行至天后庙前时，神像突然抬不动了，占卜得知神意在此建庙，于是卢鹭与乡绅决定将天后庙改建为洪圣殿。

〉〉〉2009 年入选县（市、区）级非遗代表性项目

礼乐民谚：口头创作形象生动　朗朗上口耳熟能详

“龙舟鼓响，一夜飙三厢”“插田插到立夏，插不插也罢”“禾怕寒露风，人怕老来穷”……这些民谚在江海区礼乐人中流传甚广。

民谚是用一句结构完整的话来概括的真理或哲理，由人民口头创作，是一种很有特点的民间文学体裁，它形式短小，形象生动，其中还包含着丰富的生产知识和生活经验。

礼乐的民谚涵括了农事、世事、天文、气候等方面，其中世事民谚居多。如农事有“小雪小割，大雪大割”；世事有“教仔读书嫌吵耳，不如教仔种番薯”；天文、气候有“寒露过三朝，过海用绕桥”。

〉〉〉2009 年入选县（市、区）级非遗代表性项目

龙溪诗词：文人墨客以诗言志　乡村民间广泛流传

“鲟江日影三竿上，螺髻苔痕万点迷”“只憾魂游千古别，凭将老泪洒西风”“请缨是我平生愿，故尔辞家万里游”……江海区外海别号“龙溪”，外海人的文化、修养深受陈白沙影响，诗词文章除了读书人外，在乡间也得到更广泛的传播和交流，诗词创作技艺进一步提升。文人墨客以诗言志，题咏家乡风物，又或是抒发心中有感，创作出众多佳作。

龙溪诗词的文化足迹和文化根源，最早可追溯到20世纪三四十年代。外海人对诗词的热爱，不断传承，直至今天，仍有一班诗词爱好者借助龙溪诗社这个平台继续活动、创作和交流。

第三章　味觉

味觉基因，植根于一方水土。世代相传的传统美食，不仅仅给予我们味觉上的享受，更是安抚思乡情愁的一剂良药。在广袤的五邑大地上，丰富的物产和民间智慧的碰撞，造就了新会古井烧鹅、海宴冬蓉、礼乐腊味、开平蛋家菜、赤坎煲仔饭等美食。

食不厌精，脍不厌细，世代传承的美食，凝聚了祖祖辈辈生产、生活中的小巧思和大智慧，成为后辈们宝贵的物质财富与精神财富。它们追随着五邑先辈下南洋、闯欧美，构成了五邑父老和海外乡亲共同的味觉记忆。

〉〉〉2021 年入选国家级非遗代表性项目

中药炮制技艺（新会陈皮炮制技艺）：
陈皮入药半夏汤　烹饪调味享盛誉

在新会，有一样特产，不仅“药圣”李时珍在《本草纲目》中对其夸赞，历代医学家喜以其入汤入药，一众大厨、食客也喜爱它，在烹制菜肴、甜品时以其调味提香。这便是新会陈皮。

在新会当地，民间婚嫁不乏以陈皮作嫁妆的。有人调侃：看一个新会人的财力，不是看房子有多大、车子有多豪，而是看家里藏了多少陈皮。在许多商铺和老板们的办公室里，显眼处都会摆上几罐新会陈皮，既能彰显财力，又能显示文化格局。

新会陈皮，又称广陈皮、冈州红皮、新会柑皮，是晒干后经久储藏的新会柑（云香科茶枝柑）的果皮。它具有很高的药用价值，又是传统的调味佳品，向来享有盛誉。《广东柑橘图谱》记述：“大红柑原产新会，主产新会。果皮是制中药陈皮及陈皮系列食品的正宗原料。”陈皮以新会产的为最佳，因此，新会柑历来皮比肉贵。

陈皮入药已有700多年历史。明代李时珍著《本草纲目》记载：“橘皮，纹细色红而薄，内多筋脉，其味苦辛……今天下多以广中来者为胜……”历代医家不乏以新会陈皮入药的，如东汉张仲景用陈皮入药“陈皮半夏汤”，清代大医师叶天士的“二陈汤”就特别注明用“新会皮”。

食用方面，新会人自古以来一直以陈皮为调味料烹制各式菜肴、甜食等，无论酒楼食肆出品还是住家靓汤都加入陈皮提香吊味，如蜚声中外的古井烧鹅就是用新会陈皮去除膻腥，形成新会独特的陈皮饮食文化。

新会陈皮及其唯一原材料新会柑均为国家地理标志保护产品，也是全国罕有的“一果双标志”产品。新会陈皮的原料——新会柑由野生品种驯化而来。科研人员曾在古兜山和圭峰山脉河谷地带发现百年以上野生种群。新会柑的种植始于何时，已不可考。根据元朝初期的记载：在外海（龙溪）地方仅陈氏一户便有“甘（柑）子田租十石”。可见元代新会柑已有较大规模的人工栽培。明朝时，果农还会利用境内的冲积平原大规模种植。清朝时，“其柑种植之千百成围，每岁大买收其皮”。

如今在新会乡间，成片绿油油的柑园（ 新会人称为“柑围”）煞是壮观，10月份前后便开始透出星星点点的红色，再到11月前后红满枝头。从八、九月份开始，农人们便穿梭在林间地头，忙着采摘新会柑，一车车柑子运出柑园，运往市场、工厂，整个新会都弥漫着柑橘的芬芳。

广东省非物质文化遗产中药炮制技艺（新会陈皮炮制技艺）代表性传承人陈柏忠，也是百年陈皮老字号新宝堂的第四代掌门人。1978年出生的他，与新会陈皮有着深厚的感情，他自8岁起便与陈皮同“睡”一屋，13岁便跟随父亲学习新会陈皮炮制技艺，从采摘、晒陈皮、封装麻包到收储陈皮，18岁就完全掌握了新会陈皮的鉴别、分级、晒制等技艺，传承祖传独创储藏陈皮之法。

为了更好地传承和发扬新会陈皮炮制技艺，陈柏忠投入500万元自建中药炮制技艺（新会陈皮炮制技艺）传承基地，面积达5000多平方米，有效开展传承培训活动；与广州中医药大学携手，共建教学基地，在大学生中开展新会陈皮文化、制作技艺的挖掘和传承；培养多名新会陈皮行业从业人员，为新会陈皮炮制技艺的传承和发展培养了后继人才。

〉〉〉2015年入选省级非遗代表性项目

罗氏柑普茶制作技艺：

陈皮与普洱的“恋爱” “苦尽甘来”回味无穷

一个来自山川延绵的云南，一个来自江海浩瀚的江门新会，跨越千山万水，共赴一场“山盟海誓”之约，谈一场轰轰烈烈的“恋爱”，“苦尽甘来”的滋味令人回味无穷。这场“恋爱”的牵线人大有来头——被誉为“粤东四大家”之一的罗天池，“红线”两头一个是云南特产普洱茶，一个是新会特产新会柑，两者的结合诞生了柑普茶。

道光二十七年（1847年），罗天池从云南辞官回蓬江区棠下镇良溪，并带了很多当地的普洱茶回乡。在一次感冒咳嗽中，罗天池发现陈皮汤泡普洱茶对咳嗽痰多有奇效。为了方便冲泡和储存，他制作了柑普茶，流传至今，已有近200年的历史。

罗氏柑普茶第六代传人罗沛贤介绍，制作柑普茶，先取新鲜的新会柑洗净，用圆管在柑的上部切开柑口，掏空果肉，保持原状晾干；然后将普洱茶填充结实，再盖上割下的柑皮，拿到室外晒干。“看似简单，实则每一个步骤都有讲究。”为扩大罗氏柑普茶的影响，罗沛贤承办各种柑普茶制作传授活动，走进学校向学生手把手授艺，为传承柑普茶技艺和文化不遗余力。

罗氏柑普茶是蓬江区棠下镇良溪古村落“后珠玑巷”文化中不可或缺的一部分，代表着良溪人独特的茶文化，寄托着良溪人心中的乡情，也是良溪古村“侨乡文化”和“海上丝绸之路文化”的重要组成部分，对研究江门乃至岭南饮食风俗、保健文化、地方民俗有着重要的价值。

〉〉〉2022 年入选省级非遗代表性项目

烧腊制作技艺（新会古井烧鹅制作技艺）：宫廷宴变身民间肴　皮脆肉嫩陈皮留香

南宋宫廷高墙深院里炮制的烧鹅，彼时只有皇亲国戚方能享用。后来这深宫里的烧鹅制作技艺跟随御厨流落民间，和新会本地的乌鬃鹅结合，像极了古装偶像剧的桥段，只不过主角换成了吃食，于是有了古井烧鹅。古井烧鹅出现在市井宴席，成为压席重器。

古井烧鹅的历史，要从700多年前说起，宋元崖门海战爆发，南宋皇朝战败后，相传一位宫廷御厨带着女儿隐居新会，凭借宫廷秘制烧鹅配方经营起一家烧鹅店。后来御厨的女儿嫁到新会古井镇，并把父亲秘制烧鹅的手艺带到了古井。“古井烧鹅”由此而来，代代相传至今。

如今粤港澳烧鹅风行，成为各大粤式酒楼食肆的标配，烧腊店的“扛把子”也必定是烧鹅。但是能把烧鹅单品做得成行成市，打造出一条美食街，想必也只有古井镇天成圩了，这里烧鹅店林立，街道两旁还有以“烧鹅文化”为主题的墙绘、装饰等，生动展现了古井烧鹅的历史渊源。

古井烧鹅江门市级传承人吕日新，在家中排行老三，大家都亲切地称其“三哥”。1981年起吕日新在“恒益”师从父亲吕柏学习古井烧鹅制作技艺，如今的恒益烧鹅享誉粤港澳。吕日新说：“我们制作烧鹅有上百年历史了，从爷爷那一代开始到现在，传承到第四代了。”

古井烧鹅从选鹅到烧制都很讲究，选用鹅龄在50天左右、体重约7斤的乌鬃鹅，这样烧出来的鹅才能皮脆肉嫩。填料时加入新会陈皮，高温烧制时香气渗透于皮肉之中，赋予古井烧鹅别具辨识度的香味。

〉〉〉2018 年入选省级非遗代表性项目

海宴冬蓉制作技艺：
色如碧玉形如鱼翅　守护舌尖上的乡愁

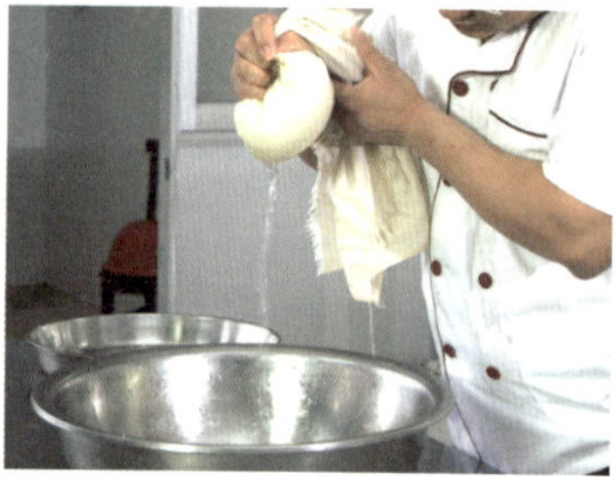

关于海宴冬蓉的由来，有这么一段传说：在很久以前，有一位老人在厨房用冬瓜煲糖水，在与邻居聊天时忘记了锅里沸腾的糖水，待回过神时水早已煮干，只剩下冬瓜渣了。或许是因为冬瓜与糖的分量调得刚好，这些冬瓜渣甜而不腻，非常美味。老人灵机一动，把冬瓜渣当成馅料放入各种糕点中，这就是冬蓉的雏形。随着时间推移，当地人都学会了制作这种美味的馅料，人们认为这是制作月饼最合适的馅料。

出生于冬蓉发源地台山市海宴镇的谭正俊，家族三代制作冬蓉，见证了冬蓉百年发展历史。作为海宴谭氏冬蓉的第四代传承人，谭正俊一直潜心研究和改良冬蓉传统制作技艺，同时积极做好海宴冬蓉的宣传推广工作，使本地冬蓉产品远销美、加、英、比利时等国家。2020年，谭正俊成功入选省级非物质文化遗产项目代表性传承人。

谭正俊介绍，制作冬蓉，冬瓜是关键。必须挑选自然生长约150天、重约15公斤的本地灰皮冬瓜，肉质清润，更具嚼劲。经过手工刨皮、去囊去籽、刨丝、水煮、过冷河、压水和翻炒等多个步骤，冬蓉制作而成。

海宴冬蓉历史悠久，本土风味浓郁，色如青绿色碧玉，形如丝丝透明状鱼翅，入口甜而不腻、清甜软滑，吸引了众多的游客和海外华侨。如今谭正俊仍在坚持传统手工制作，悉心传授弟子，守护着这项弥足珍贵的冬蓉制作技艺，也守护着五邑华侨舌尖上的“乡愁”。

〉〉〉2011 年入选市级非遗代表性项目

马冈鹅繁育："无鹅不成宴" 菜式极丰富

开平市马冈镇养鹅历史悠久，群众逢年过节、婚庆嫁娶、生日喜庆等都有宰鹅食鹅的习惯，当地更有"无鹅不成宴"的说法。以马冈鹅做的菜色，如传统烧鹅、芋仔炆鹅、卤水鹅、鹅乸汤、豉油鹅、甜酸鹅、柠檬鹅、话梅鹅、白斩鹅等，深受食客欢迎。

《开平县志·畜牧生产》中记载："清道光五年（公元1825年），马冈镇翠山村户，梁奕德引用高明三洲公鹅与阳江母鹅（300只）杂交，经过长期系统选育而成。共和国成立前，县内鹅苗均为自然繁殖，共和国成立后，鹅苗繁殖逐渐采用人工孵化技术。"

马冈鹅体形硕大，头大颈粗，胸宽脚高，具有乌头、乌喙、乌背、乌脚的特征，俗称"四乌"。梁奕德的第七代传人梁兆滚说，马冈鹅抗病力强，粗食、早熟、易长，产蛋较多。马冈母鹅在拔翼毛之后40—60天便可产蛋，到90天便可孵出鹅仔，一年可产4造，经济价值较高。

马冈鹅耐粗放饲养、生长快，加之肉质鲜嫩、脂肪适中，深受各地客商的青睐，在马冈镇，家家户户都有养鹅的习惯。马冈农民最初养马冈鹅都是散养，只有几只、几十只。改革开放后，马冈镇涌现出了一批养马冈鹅的专业户，形成了"有水的地方就有马冈鹅"的景象，马冈鹅也成为马冈镇地方经济的品牌之一。

〉〉〉2022年入选市级非遗代表性项目

马冈烧味制作技艺：烧鹅烧猪有特色　鲜而不俗嫩而滑

自清初开始，开平马冈人就沿用了广东烧味的制作技艺，并融合当地特色，制作出一道备受广大侨乡食客喜爱的美味佳肴——马冈烧味。当地的高园宣记烧腊店，将马冈烧味制作技艺一代代传承至今，历史悠久，广受当地人好评。

马冈烧味口味出众，给人带来鲜、香、嫩、松、脆、甜、多汁的口感，具有“鲜而不俗、嫩而滑、脆而不焦、肥而不腻、调味甜咸适中、香而不厌”的特点。

在马冈烧味当中，以烧鹅和烧猪最为出名。马冈烧味虽然沿用了广东烧味的制作方法，但也大有不同。而且，无论是烧鹅还是烧猪，制作流程都是繁复的，每一道工序都很关键，每一个细节都可能影响到烧味的口感，每一个步骤都要靠师傅多年的经验，才能烧制出皮色金黄、皮脆肉嫩、口味咸香的烧味。

例如，制作烧鹅，从选鹅开始就很讲究，要选适当的马冈鹅，不然烧出来的皮不脆。在经过吹气、腌制、涂料、封口、烫皮、上皮水、吹气、烘干、烤制等多个步骤后，才能烤制出皮薄如蝉翼、鹅肉多汁肥美的烧鹅。其间，上皮水和控制火候是关键所在，烧鹅皮能不能做到“玻璃皮”就看能不能掌握个中技巧。

制作烧猪，选用中猪，在猪身均匀涂上腌料，腌制后放入烤炉中，反复烤制两小时。烧猪期间，要用钉板均匀拍打猪身，才能烤制出金黄色的烧猪皮。

〉〉〉2022 年入选市级非遗代表性项目

汶村五味鹅制作技艺：融合了酸甜苦辣咸　浓郁酱香让人垂涎

“汶村五味鹅”是台山乃至江门的招牌美食，其制作技艺起源于民国初年，享誉百余年，名扬海内外。当年，一个叫陈忑贵的汶村青年在邻镇海宴经营食肆。为谋求长远发展，他进行了无数次的调配、研制，在制鹅时配上适量的生抽、盐、冰糖、醋、酒等配料，和谐地将酸、甜、苦、辣、咸五味融合于一体，制作出的鹅味道特别可口，“五味鹅”由此而来。后来，陈忑贵的儿子回到家乡台山汶村镇开饭店，将祖传的五味鹅技艺发扬光大。

汶村五味鹅要选用农村饲养60天的优质黑棕鹅，再用稻谷精心饲养30—40天。制作的主要步骤为：鹅宰杀干净、吊干水，内脏保留待用，用老抽上色，放入70—80摄氏度的油锅炸10分钟后捞起，将鹅、脏杂放入锅中，调配好盐、糖、生抽、米酒、米醋“五味”，加入上汤，明火焖15—20分钟。其中最关键的工序与控制点，一是选用优质的鹅，二是盐、糖、生抽、米酒、米醋“五味”调配的分量。

出锅后的五味鹅，酱红的色泽鲜艳诱人，浓郁的酱香让人垂涎。食用时，将五味鹅斩件，拌入与鹅同时熬制的汁料，味道更佳。入口后，鲜、咸、甜、酸、辛五种味道和谐地在唇齿间交融、萦绕，鲜美的鹅肉肥而不腻，嫩滑中带有弹性，甚至连鹅骨都入味，咀嚼后齿颊留香。

〉〉〉2019年入选市级非遗代表性项目

赤溪客家擂糖糊：客家独特美食　还是补身佳品

赤溪镇位于台山市东南部的赤溪半岛，是台山唯一的纯客家人聚居地。与其他地方客家人不同的是，由于地处沿海地区，赤溪客家人研制出了一种用于入冬时进补的美食——糖糊。

赤溪的客家糖糊历史悠久，代代相传已有数百年，采用纯手工制作，是客家人美食文化的代表作。糖糊由粘米粉、黄糖、油、花生、芝麻制作而成，要想有咸香味，还可以加入腊肉进行烹制。由于制作过程的主要动作是不断搅动，故称“擂糖糊”。

糖糊制作工艺并不复杂：浸泡米粉半个小时后成米浆，待用；将花生油倒入锅中加热至80摄氏度停火，用花生油淋湿锅内周边，后倒油（待用）；将浸泡好的米浆用筷子搅拌均匀倒入锅内，用文火煮成糊状；加入切成小块的黄糖，继续保持文火，用擂浆棍搅拌，直至黄糖完全溶解；停火搅拌糖糊，一边均匀搅拌，一边放入花生油，直至糖糊变冷，再将花生米、芝麻撒在糖糊上，即可完成。

糖糊做法考究，功夫很重要。把米浆、黄糖和油先后放进锅里，然后不断搅动，搅动的过程，当地人称为“擂”，这是糖糊煮得好不好的关键。擂得好，糖糊才能拉成线、不会断，吃起来才会爽、香、滑、脆。

糖糊作为客家人研制的一款独特美食，融入了客家文化和客家风情，有止咳、补气、健脾、养胃、补肾的功效，是补身的佳品。对比款式繁多的现代食品，糖糊更具有传承和保护的价值。

〉〉〉2022 年入选市级非遗代表性项目

深井柴火豆沙制作技艺：
十一天全手工制作　黑红光亮细腻爽口

在台山市深井、海宴、川岛等沿海各镇，豆沙制作技艺流传已久，其中，深井柴火豆沙最为知名。

深井镇位于台山市西南部，这里既是山区又是沿海地区，孕育了独特的饮食文化。深井柴火豆沙用料纯正、制作考究，具有色泽黑红光亮、细腻爽口的特点。

制作豆沙的原材料主要有竹豆、本地花生油、白砂糖。其中，竹豆选用圆身、饱满、无裂纹的一级竹豆，含有丰富的磷脂、植物蛋白，具有利湿、消肿、解毒功效。

柴火豆沙的制作大致需要11天，每一步均为人工制作，工序有选料、洗豆、浸豆、煮豆、搅拌成浆、3次过滤、压榨、炒制4小时、回油3天、煮糖浆、糖浆静置7天。

在煮豆、炒制两道核心工序上，豆沙制作师傅坚持用柴火加热，尤其讲究"烧两边"，让整个大锅受热均匀，豆沙才不容易烧焦。火候、搅拌和翻炒的力度、速度等都需要师傅凭借经验判断、控制，对技艺要求甚高。煮豆时，必须凉水下锅，水要一次放够，避免中途加水；用旺火烧开，然后转为中火，至小火焖煮，使豆酥烂。炒制时，铁铲要擦着锅底不停地翻炒，炒至黏稠时须改用小火，避免焦糊而影响豆沙的味道。另外，要尽量收干水分，便于面点制作，还可以延长豆沙馅料的存放时间。

用深井柴火豆沙制作的月饼，皮薄馅靓，虽用材不贵且包装朴素，却以接地气的传统味道、熟悉的口感打动了食客，成为侨乡人民喜爱的传统美食。

〉〉〉2021 年入选县（市、区）级非遗代表性项目

土法黑豆沙制作技艺：
柴火遇上铁锅铜锅　碰撞出特别“烟火味”

豆沙分为水性豆沙和油性豆沙，两者的区别在于制作方法及配料。恩平土法黑豆沙属于油性豆沙，以传统的方法、工具及材料制作，沙蓉细腻，甜香可口，油而不腻，香气浓郁。

制作黑豆沙，首先将颗粒饱满的黑眉豆清洗干净，浸泡至软硬适中，倒入铁锅用猛火蒸煮熟透，去皮后磨成沙蓉再压干水分，倒入铜炒锅，按配比加入食用油、姜和红糖等配料，翻炒至气味带甜带香、干湿适中、颜色柔和发亮即铲出。

整个煮制过程必须使用柴火与铁锅，炒制时则使用铜锅等传统工具，这才使黑豆沙有了特别的风味和“烟火气”。

〉〉〉2022 年入选县（市、区）级非遗代表性项目

手冲姜撞奶制作技艺：
热牛奶撞进姜汁　口感豆花般嫩滑

姜撞奶作为一道民间传统美食，流传于广东江门一带。清朝时期，有民妇将煮热的水牛奶倒入姜汁中以降低姜的辣味，发现水牛奶在碗中凝固了，口感像豆花般嫩滑，这就是最早期的姜撞奶。

赵崇宽家族作为手冲姜撞奶的始创者，在民间姜撞奶的基础上，对姜撞奶形成的技艺进行了升级，主要体现在“倒”升级为“撞”，历经赵天清、赵益祥、赵善协、赵汝喜、赵崇宽等五代人传承，形成了今天的“手冲姜撞奶”。手冲姜撞奶技艺得以传承，焕发出新的时代活力，成功走出国门，迈向世界。

〉〉〉2022 年入选市级非遗代表性项目

鹤城客家花生加工技艺：
泥焗花生壳脆酥化 粒粒爽口味道极好

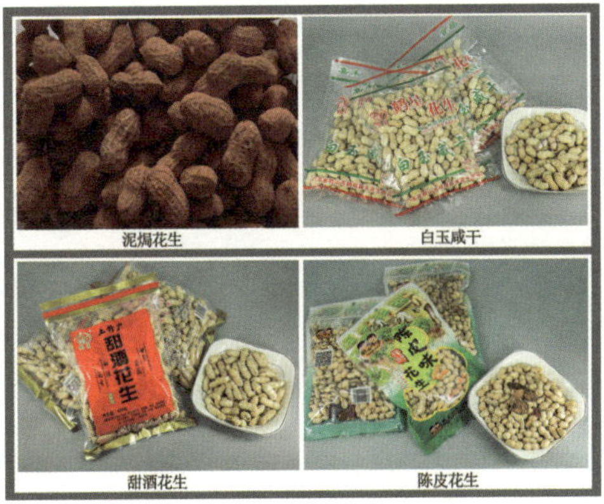

泥焗花生 白玉咸干 甜酒花生 陈皮花生

鹤城客家花生原产于鹤山市鹤城镇南星村周边村，因南星村周边村居住的基本上都是客家人，故而得名。鹤城花生种植及制作历史悠久。《鹤山县志》记载：“早在清代，县内已有花生种植。”

鹤城客家花生加工技艺历史悠久，名声在外。民国初年，南星村委会茅坪村村民赵连生在一次偶然的尝试下，发明了鹤城花生的制作方法。其制作方法独具特色：选取当季新鲜、饱满大粒的花生，和山泉水倒入大锅里，用实木柴烧煮到水汽蒸腾，加入盐、桂皮、大蒜、甘草、八角以及不可外传的调料，待煮沸时捞起花生；再将黄泥土和木薯粉按一定比例倒进去，一边翻煮一边搅拌，直至黄泥油浮出水面。再将花生重新倒进锅里，搅拌至让黄泥油均匀附在花生表面后捞起，均匀铺开在太阳下自然晒干；然后将晒干的花生铺在竹排上，再在竹排底下用炭火慢慢加热，让花生完全烘干，这样制作出的花生壳脆酥化易剥，粒粒爽口入味，且营养和味道较好地锁在花生肉内。

近年，鹤城客家花生走上了转型升级之路，在保留传统加工技艺的基础上，衍生出卤水味、蒜香味、咸干味、陈皮味、盐焗味等10余种口味，深受海内外消费者的喜爱。

〉〉〉2021 年入选县（市、区）级非遗代表性项目

开平火蒜鸡仔饼制作技艺：金山火蒜融入西饼　中西合璧回味无穷

140多年前，开平赤坎归国华侨司徒仕赞，开创了火蒜鸡仔饼的历史。他以开平独有的金山火蒜为鸡仔饼原料之一，并引进西方制饼工艺，制作出"中西合璧"却又带有特色乡味的开平火蒜鸡仔饼。加了金山火蒜蒜蓉的鸡仔饼，更具侨乡风味，同时又有保健功能，深受食客的喜爱。

鸡仔饼作为广东知名小吃，已有百年历史。目前，市面上制作鸡仔饼的商家，为了降低成本，不少选择以机械代替传统手工制作。但仍然有商家坚持使用古法传统制作工艺，将开平火蒜鸡仔饼最原始的味道和制作技艺保护、传承下来。

〉〉〉2021 年入选县（市、区）级非遗代表性项目

外海花生饼手工制作技艺：朴实的花生与白砂糖　翻炒出华侨无限乡愁

花生饼是江门外海历史悠久的地方传统名小食之一，相传外海有一个学生，毕业后以制作花生饼为业，其所制的花生饼质优味美，花生磨得幼细，香味浓郁，甜味适中，入口松化，吸引不少顾客前来抢购。

外海花生饼用花生和白砂糖制作而成。其制作过程包括熬制糖浆、翻炒花生、揸花生碎粒、翻拌、压模成形等工序，对技艺的要求也十分高，除了要求对火候的控制避免糖翻砂和花生焦黑外，还要注意翻拌均匀和压模均匀。

华侨回乡时，都会带上几盒外海花生饼，作为手信带到国外送给亲友，它承载着海外华侨的乡愁。

〉〉〉2021 年入选县（市、区）级非遗代表性项目

婚庆礼饼：礼饼丰富多样　寄托美好期盼

婚嫁前“担（抬）礼饼”、送“婚庆礼饼”是恩平城乡广为流行的民间习俗，其渊源因历史久远已无从稽考。男方迎娶女方前将礼饼送至女方家，分与族人和邻里，称为“分饼”，既是通告乡邻女方“名花有主”，也有与亲戚朋友共享喜福之意；结婚喜宴后，礼饼作为“回礼”送给参加喜宴的亲戚朋友，以示答谢并期望继续有来有往。

婚庆礼饼丰富多样，“炒米磙”寓意人丁兴旺，肉饼寓意丰衣足食，合桃酥寓意阖家幸福，鸡仔饼寓意生活甜美。婚庆礼饼不仅寄托着美好期盼，也是恩平人民传承传统礼仪的载体，有着较高的文化和历史价值。

〉〉〉2022 年入选县（市、区）级非遗代表性项目

三江牛耳壳制作技艺：片片轻薄如纸　承载浓浓乡情

三江“牛耳壳”，类似北方的“猫耳朵”。清朝后期新会开始进口面粉，五花八门的北方面食文化渐渐在葵乡交融、生根开花，“牛耳壳”便是代表，其中又以三江牛耳壳最具知名度。

三江牛耳壳制作工序简单，但每道工序都十分讲究。比如：须用传统的竹升压面；切出的每一片牛耳壳都要轻薄如纸；油炸时的温度与时间非常考验师傅的眼力和把控力。

三江牛耳壳最初为年节食品，为了配合过年的节日气氛，其颜色为红黄白相间。如今三江牛耳壳已名声在外，侨胞也将它带向海外，这薄薄的一片牛耳壳，载着浓浓的乡情。

〉〉〉2022 年入选县（市、区）级非遗代表性项目

司前油艇凸制作技艺：
外形酷似油瓶塞　入口松化甜滋滋

据说古时候新会司前升堂村有一户汤姓人家，女主人在制作“煎堆”时不小心将油瓶木塞掉入灶里烧着，一旁的男主人见状，连忙拿起一块粉坯塞到油瓶上。后来男主人找到一个旧木塞，将原来那块粉坯换了下来，并随手将粉坯放到油锅里，炸出一个下大上小、形如葫芦的糍仔，外形酷似油瓶塞，司前话中“艇”跟“瓶”是同音，女主人便给它起了个另类的名字——油艇凸，这便是司前“油艇凸”的由来。司前油艇凸的主料为粘米粉、糯米粉，加入花生油、猪油，用水搓粉，做成粉团放入油镬里炸松，起锅后放在煮好的麦芽糖里裹匀。油艇凸入口松化可口、甜滋滋，寓意着生活幸福、甜甜蜜蜜。

〉〉〉2022 年入选市级非遗代表性项目

恩平裹粽制作技艺：
天地龙角回门枧水　小粽子吃出大含义

恩平裹粽，简称“恩平粽”，有近300年历史。随着时代发展，恩平粽从传统应节食品，变成恩平特色小吃，如今已成为恩平特色产业。

恩平裹粽分为咸肉粽和枧水粽两大类，细分为：四角形状的“天地粽”；单锥形和双锥形的“龙角粽”；四方形的“回门粽”（编织粽）；扁平形的“枧水粽”。它们各有不同的用途和寓

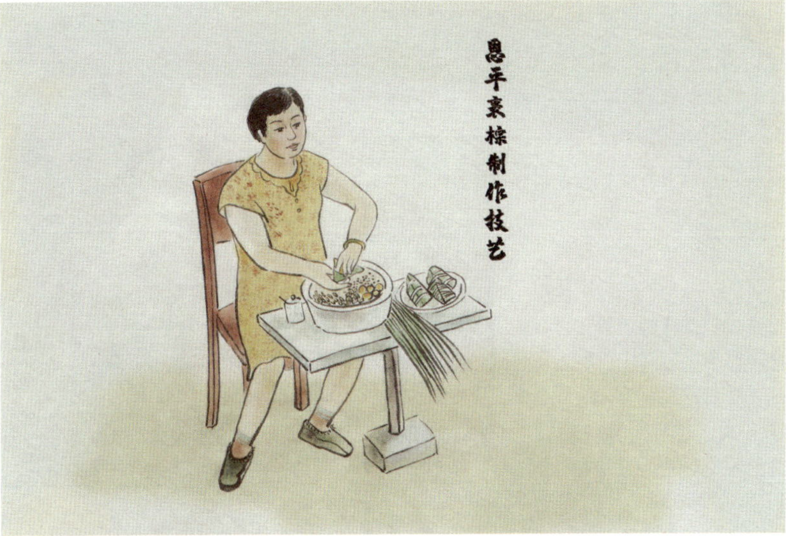

意："天地粽"的四角代表"天地君父"，寓意尊崇天地人和；单锥"龙角粽"（又称"羊角粽"）寓意"出人头地"；双锥"龙角粽"寓意"鱼跃龙门"；"回门粽"寓意"大吃四方，家底厚实"。

恩平裹粽的制作分为捡叶、采扎、备米、制馅、裹扎、煲煮六大流程，每个流程又分多道工序，每道工序均须遵循一定的技术要领和礼俗。

恩平裹粽的"裹"不但是一种工艺，而且有丰富的含义。在裹扎龙角裹粽时，必须用编织技法使用"蓢古"（橹罟子）将粽体紧紧裹住，将"蓢古"特有的清热解毒、消炎润肺和护肝功效渗透到裹粽之中。此外，裹扎的起手式必须从双手捧着粽叶开始，以示虔诚和感恩。

恩平裹粽裹制礼俗蕴含着丰富的感恩、崇德、祈福等传统文化，技艺精细，体现了显著的药食同源文化及鲜明的地方特色，是恩平同胞舌尖上的"乡味"，更是恩平人传承传统文化的承载物和传承方式。

〉〉〉2019年入选市级非遗代表性项目

恩平烧饼：男婚女嫁必备礼饼　聚起亲情乡情民情

在恩平地区，人们见面时，如对方有成年女儿，就会问“你女儿领了饼没有”，而不是“你女儿嫁了没有”，可见恩平烧饼是恩平人男婚女嫁的必备礼饼，更是恩平地方文化得以传承的重要承载物。

恩平烧饼俗称“恩平烧”，有500多年历史。传说明朝时，恩平牛江镇有一名青年教书先生，用所有积蓄办了一间私塾，让穷孩子免费入学，后因办学经费不足，私塾被迫停办，教书先生为了谋生，只好用祖传的方法做烧饼来卖。恩平知县吃了他做的烧饼，大加赞赏，意欲招他为婿，可知县女儿认为做饼没出息，并不愿意。

教书先生知道此事后，决定每卖100斤烧饼就留下10斤，等到他积存的烧饼到100斤后，就送到知县家。得知此事，知县女儿认为教书先生老实可靠，做事踏实，就答应嫁给教书先生。从此，恩平男女争相仿效，恩平烧饼就成为男婚女嫁的必备礼饼。

恩平烧饼的制作分为选料、捣粉、发酵、打饼、烘烤、上锅筛晾等工序。烧制烧饼的工具分为上炉、下炉、饼镗、吊杆四个部分。为预防上炉火力不均匀，烘烤时必须反复转动上炉，待饼坯全部变成金黄色，就可以上锅了。上锅动作要快，将烧饼一个个用铲子铲起来，放在竹筛上晾凉，恩平烧饼就这样制作出来了。

每当男婚女嫁时，一担担恩平烧饼充当了定亲和分享幸福的媒介，凝聚起亲情、乡情和民情。每当清明时节，一块块恩平烧饼寄托了乡愁，召唤恩平同胞归梓祭祖，品烧饼，思故人，念乡情。

〉〉〉2021 年入选市级非遗代表性项目

广海咸鱼制作技艺：观之油黄肉白　食之清香带鲜

广海镇是台山最早期的商埠和渔港，这里的居民聚水而居，海产资源丰富，海洋特产优质。广海咸鱼就是当地最著名的特产，传承600多年，享誉海内外。

广海咸鱼制作技艺独特：把白花、黄花等名贵鲜鱼插入生盐堆里腌制，鱼头向下，鱼尾向上。适时取出后，鱼身硬直、干爽，鱼肉结实、鲜明。根据各人喜好，广海咸鱼有梅香、咸香、淡口、特淡等不同的口味可选。

食用时，把咸鱼切成小片，放在碟上，再铺些半肥瘦五花肉和姜丝，放在镬里蒸（或饭面焗）15分钟即熟，熟后将整碟鱼取出，倒出多余的水，将纯正花生油淋到鱼面上（花生油千万不要加热），再加葱花即可食用。

广海咸鱼，闻之，顿觉胃口大开；观之，油黄肉白，色泽清鲜；食之，清香带鲜，咸淡适口，风味独特。广海咸鱼制作技艺蕴含了古代渔民祖先善用自然资源的生存智慧，顺应南方气候（自然晾晒），巧用当地海盐腌制，防腐保鲜乃至储存，足见古代渔民的创造能力。

鱼干作为别有风味的主菜和多种佳肴的配料，如今已然成为粤菜饮食文化中的一个独特元素，如“咸鱼茄子煲”“咸鱼煲腩肉”“咸鱼煲生蒜”“咸鱼蒸肉饼”“咸鱼鸡粒饭”等都是耳熟能详的美食。旅居异乡的乡亲，总是忘不掉这些美味，这些是他们回到家乡的首选佳肴，一吃解乡愁。

〉〉〉2021 年入选市级非遗代表性项目

开平疍家菜制作技艺：
食材精选特色河鲜　烹饪讲究原汁原味

疍民，指的是生活在船上，以船为家的一个群体。开平市濒临南海，域内河网密布，有潭江、苍江等数百公里的入海河道。开平从建制立县以来，就居住着庞大的疍家群体，由此形成了"疍家菜"，即疍民习惯吃的菜。

疍民是典型的"靠水吃水"，所以，疍家菜的最大特色就是河鲜，诸如"四大家鱼"、河虾、蚬、罗非鱼、水面鱼等，都是疍家菜常见的原材料。

在过去，疍家人不被允许上岸生活，近海取材、即捕即食是他们的生存方式。同时，由于长期受困在船上，疍家人也就练就了一身过硬的烹调本领。因为船上条件简陋，烹饪方法相对简单，主要有灼、焖、浸、蒸、腊、炖等。比如"灼"，就是将水烧开，把刚捞上岸的鱼、虾洗净，放入水中浸熟，加些盐、姜，辅以蒜、酱油即可，味道鲜甜可口。

疍家讲究的是保持食材的天然和新鲜，烹饪时，不需要孜然、辣椒、味精等佐料，只要盐、花生油和酱油，即使是贝类也只加点蒜末即可，熟后撒些葱花，既提味又好看，还保持了野生海鲜的鲜味和口感。

开平疍家菜的制作与流传已有数百年历史，发展至今，菜式众多，最有代表性的是鲤鱼炖糯米、藤鳝骨大虾煮酒、炒鳝片、鲮鱼丸煮萝卜、香煎双拼（煎鲮鱼饼和水面鱼）、白鳝焖黄豆、鲶鱼煮芋仔、白灼河虾、清蒸蚬肉、酿鲮鱼、蚬肉粥共"十菜一粥"，极具传承价值。

〉〉〉2021 年入选市级非遗代表性项目

开平疍家双晒鲮鱼干制作技艺：
八道工序晒制鲮鱼　味道鲜美下饭首选

疍家人每次出海所捕回的鱼，不可能当天就吃完。为了更好地把鱼保存下来，他们往往会选择将海鱼晒制成鱼干。疍家人把捕到的上好鲮鱼，放在船只甲板上晒制，在江风和骄阳的共同作用下，制作出无任何人工添加剂、肉质紧实耐嚼的开平疍家双晒鲮鱼干。

所谓“双晒”，指的是开平疍家人做鲮鱼干要晒两次。选用八两至一斤半重的新鲜鲮鱼，杀掉后腌味、清洗，第一次风干；然后再次清洗、浸酱，第二次风干。一共要经过选料、杀鱼、腌味、清洗、初晒、再清洗、再腌制、再晒干八道工序。

开平疍家人晒制鲮鱼干，都是在船头，或者是在临水的岸边，太阳光足，江风大，鲮鱼特别容易干。经过“双晒双制”的鲮鱼干，油脂尽去，盐分饱满，肉质更干爽紧密，味道鲜美独特。

开平疍家双晒鲮鱼干有多种吃法，可以烹制出“疍家双晒鲮鱼干蒸腊味”“疍家双晒鲮鱼干炒苦瓜”“豆豉蒸疍家双晒鲮鱼干五花肉”等独特菜式，鱼香浓郁，味美无比，无论是搭配干饭还是稀饭，都十分开胃，深受食客欢迎。同时，鲮鱼干也满足了成日在江中颠簸劳累的疍家人对生活美食的朴素追求。

开平疍家双晒鲮鱼干可以保存很久，开平的很多华侨华人每次回乡后再远赴异国他乡时，都不忘带上几条鲮鱼干，以此慰藉乡愁；将其或作为手信带给当地的朋友品尝，把侨乡的味道分享给世界各地的人群。

〉〉〉2022年入选市级非遗代表性项目

台山宝塔腊味加工技艺：
选料上乘腊香醇正　手工考究赠人佳品

台山市位于珠江三角洲西南部，素有“鱼米之乡”之美誉，境内物产丰饶，盛产大米，腊味煲仔饭、腊味粽等特色美食远近驰名，形成了极具侨乡特色的饮食文化。其中台山宝塔腊味经数代人孜孜不倦的传承，享誉海内外，对于保护、弘扬台山饮食文化有积极意义。

台山“宝塔牌”腊味属于传统的广式腊味，始创于1871年，原称“宋记腊味”。据史料记载，清末及民国时期礼乐人在外地开办的腊味店铺，最大的为“宋记腊味”。1938年，“宋记腊味”在台山台城开设腊味总店。1989年，“宋记腊味”更名为“宝塔牌”腊味。100多年来，宝塔腊味秉承传统技艺，坚持手工制作，因选料上乘、腊香醇正、风味独特而久负盛名，深受海内外乡亲和各界人士的喜爱，也是人们相互馈赠的佳品。

优质的腊味需要干燥的空气和爽朗的阳光，加工过程多在秋冬两季进行，因此在民间盛行“秋风起，食腊味”的习俗。“宝塔牌”腊味主要产品有腊肠、腊肉、腊鸭，不同产品各具风味，选材、制作流程也各有差异。

台山宝塔腊味是台山饮食文化的品牌，具有较高的历史文化价值和经济价值。其技艺手工复杂、考究，经过九代传承人的不懈努力，台山宝塔腊味享誉百余年，产品远销粤港澳地区，名扬海内外。曾获2001年国际（广东）食品博览会金奖等诸多殊荣。

〉〉〉2022 年入选县（市、区）级非遗代表性项目

田心腊鸭制作技艺：
皮薄金黄清香扑鼻　滋阴降火远近驰名

新会旧时有“腊味以腊鸭为最美味”之说。田心腊鸭是新会区双水镇田心村的传统美食，有百年历史，远近驰名。正宗的田心腊鸭，选用晚稻割禾后在田里放养的鸭，以“埠鸭”和“催米鸭”肉质最佳。

民国时期，村民摇着小船将田心腊鸭带到澳门出售。1958年，田心村承办了江门市食品出口公司腊鸭出口业务。20世纪70年代，广东省食品出口公司以及省内广州、珠海、江门、肇庆、阳江等地的食品出口公司，都出口过田心腊鸭。1978年改革开放后，逐渐转为个体户进行腊鸭加工。

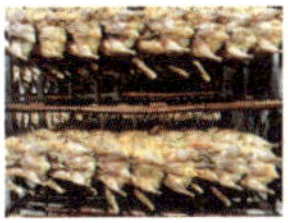

田心腊鸭皮薄金黄，呈半透明，香醇浓郁，清香扑鼻，是滋阴降火润燥之物，更有养胃、利水消肿、补虚养身的功效。

〉〉〉2021 年入选县（市、区）级非遗代表性项目

礼乐腊味制作技艺：
口感结实咸中带甜　历史悠久闻达天下

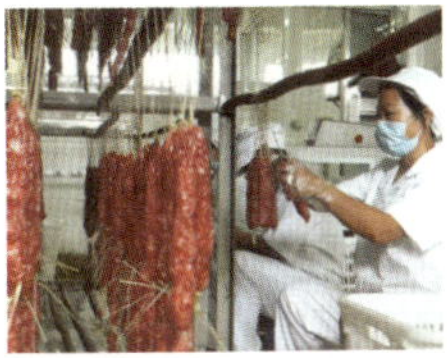

礼乐腊味历史悠久，早在清代光绪年间就已经有家庭式腊味作坊，盛传礼乐家家都会做腊味。改革开放初期，在粤港澳的腊味加工场，礼乐话是通用话；而香港上环街、德辅道西的腊味铺，老板和打工仔几乎都是礼乐人。

腊肠、肝肠、腊肉、腊猪脷、腊鸭、腊鸭肾……江门市江海区礼乐出产的腊味品种丰富，色泽鲜红明亮，口感结实有韧劲，咸中带甜，作为优质腊味的代表，深受港澳客商及市民好评。

1984年，由礼乐师傅主制的腊肠，在全国肉制品评比会上，拿了一个金牌奖和一个银牌奖，从此礼乐腊味的品质闻达天下。

〉〉〉2022年入选县（市、区）级非遗代表性项目

苟记腊味制作技艺：
腊肠衣脆肉嫩　独具"苟记风味"

民国初年，新会人姚苟所制作的腊肠衣脆肉嫩、风味独特，受到邻里乡亲的追捧，于是他在新会城开设了"苟记"烧腊店。苟记腊味在本地有口皆碑，产品更行销粤港澳，享有盛名。经传承与改良发展，苟记腊味品类更加丰富，在各地拥有多家连锁"苟记腊味专卖店"，产品行销中外，获"广东省名优产品"等多项荣誉称号。

如今苟记腊味的腊肠最负盛名，用料十分讲究，遵循传承百年的制作技艺，加入天津玫瑰露酒、山西汾酒，不使用添加剂，具有"色、香、味、形"俱佳的特点，口感咸甜，油脂满溢，独具"苟记风味"。

〉〉〉2018年入选县（市、区）级非遗代表性项目

礼乐脱脂鱼干制作技艺：
搭配白粥或作调料　赋予菜式甘鲜风味

一碗平平无奇的白粥，就着礼乐脱脂鱼干，立刻变得滋味非凡；烹制菜肴时，以礼乐脱脂鱼干作为调料，能赋予菜式甘鲜的风味。

14世纪，蓬江流域是一个天然渔场，盛产青、草、鲢、鳙、鲤、鲫等淡水鱼。由于缺乏储藏工具，礼乐人把多捕捞的鱼用盐和酒加工制成鱼干，鱼干经过发酵产生多种氨基酸等营养成分，食用价值高。

礼乐脱脂鱼干制作技艺源远流长，有700多年历史，晾晒鱼干已成为江海礼乐的传统习俗。礼乐脱脂鱼干味道以咸香为主，礼乐人最常用其配粥或作调料使用。

〉〉〉2022 年入选市级非遗代表性项目

大沙茶制作技艺：
高山阔野气息浓郁　岭南韵味养生名茶

大沙茶制作技艺主要流传于开平市大沙镇一带，已延续了千余年。

大沙镇有天露山，天露山盛产大沙茶。“天露东山仙迹传，白云深锁断云烟；桃花沿水千年落，药蔓粘云万古悬；窈窕巧通三岛路，幽深别有一壶天”。这是唐朝诗人杜甫的族弟杜位在开平大沙天露山游山观瀑、以茶论道后，留下的诗作《天露仙源》。

据国恩寺灵泉大师考究，大沙天露山早有茶园，唐贞观十二年（638年），禅宗六祖惠能曾在天露仙源茶园一带砍柴植茶。据《大沙区志》记载，明朝时期，大沙茶广有种植。

大沙茶具有色深、味浓、花香的特点。它入口滋味醇厚，口舌生津，齿颊留香，回味甘鲜，让人感受到一股来自高山阔野的气息，极具养生功效。大沙茶以绿茶、红茶、黄茶为主，每一种茶叶的制作工艺有所不同。千余年来，大沙茶制作技艺代代相传。随着大沙茶产业的规模化发展，部分工序采用了现代化的机器。

大沙茶走过一千多年，发展至今，已经成为大沙镇的重点农业产业，大沙镇也因此成为有名的“山水茶乡”。近年，大沙镇被评为“广东十大茶乡”之一，大沙茶也获得了“广东十大好春茶”“最具岭南韵味养生名茶”等诸多荣誉。2021年4月，国家农业农村部发布了《中华人民共和国农产品地理标志登记公示》，开平大沙茶成功入选。

〉〉〉2022 年入选市级非遗代表性项目

鹤山红茶制作技艺：
“立顿”红茶最早原料　独具客家制茶特色

鹤山的自然生态环境很适合种植茶树，境内有大面积的茶场，在很长一段时间内是广东茶叶第一县。

鹤山茶叶种植制作始于宋代。传说宋代有一男一女从福建来到古劳的丽水石岩头山洞居住，他们带来茶种，种制青茶。清代初期，大批客家人进入鹤山，延续种茶传统，开始大规模种植，并根据地理条件改种红茶。首任县令黄大鹏鼓励种茶，并组织编写《鹤山茶鉴》，向茶农推广茶叶种植和制作技术。

清代乾隆至道光年间，鹤山茶叶生产进入全盛时期，以鹤城为中心辐射到周边乡镇，种植面积达8万亩。鹤山红茶以古劳茶山、鹤城马耳山、宅梧白水带、双合华侨农场、共和来苏五个产地的最佳。鹤山红茶还销往中国香港、中国澳门、东南亚和美洲等地，英国“立顿”牌红茶最早的部分原料便来自鹤山。

20世纪50年代初，中国茶叶公司广东省分公司下设4个直属茶叶收购站，其中一个就设在鹤山的白水带。直至60年代鹤山仍有“广东茶叶第一县”的美誉。如今，鹤山较大规模的红茶加工厂有数十家，种植面积从5000亩发展到1万亩，在省内具有重要地位，产品销往欧美各国。

鹤山红茶采用客家传统的技艺，包括采青、萎凋、揉捻、发酵、烘干等程序，具有客家制茶特色。整个过程全部由人工制作。鹤山红茶保留客家原生态的制茶技艺，具有独特风味，对于研究客家人迁居鹤邑的历史以及在农业社会生产生活的民俗学有着较高的价值。

〉〉〉2021 年入选县（市、区）级非遗代表性项目

台山白云茶制作技艺：
台山独有茶叶品种　茶香持久被誉“仙茶”

白云茶是台山市的独有茶叶品种，素有“仙茶”之美誉，以野生为主，主要产区位于上川岛、古兜山脉的北峰山、大隆洞山脉的牛围山。白云茶香气持久、耐泡，深受台山海内外乡亲的喜爱，成为馈赠亲朋好友的珍贵礼品。

台山人饮用白云茶在明、清时已成常态，可制作红茶、绿茶、黄茶等。近年来，台山白云茶充分利用传统技艺，融合地方文化元素，品牌效应不断增强。在2010年第八届国际名茶评比大赛中，台山的野生白云红茶、野生白云黄茶、深山白云红茶均获得了银奖。2017年，台山川岛仙岛野生白云茶入选“台山市十大旅游手信”。

〉〉〉2022 年入选县（市、区）级非遗代表性项目

钟氏陈皮白茶制作技艺：
陈皮白茶配伍中和　提神消炎利尿解毒

陈皮性温，为传统中药的和药之首。陈皮白茶配伍，可中和陈皮之温热，利于日常饮用。“钟氏陈皮白茶”流行于江海区一带，有提神、消炎、抑菌、调节血糖、利尿解毒的功效。

钟氏陈皮白茶的制作技艺是江门侨乡地道文化中的一朵奇葩，有一定的侨乡历史文化和经济研究价值，对江门乃至岭南风俗饮食文化、保健养生文化、地方民俗渊源的研究有重要价值。

〉〉〉2020 年入选县（市、区）级非遗代表性项目

新会柑茶制作技艺：
柑皮入茶风味独特　温和甘醇老少皆宜

新会柑茶制作技艺发源于江门市新会区，新会区被称为“中国陈皮之乡”“中国陈皮道地药材产业之乡”，新会柑及新会陈皮是国家地理标志保护产品，是国内为数不多的“一果双地标”产品。

新会柑茶又称新会柑皮(陈皮)茶。新会柑茶制作技艺是用陈化不满3年的新会柑皮或陈化3年以上的新会陈皮，搭配不同茶叶，按一定形式和比例混合加工而成。新会柑茶制作技艺流程包含采摘、备料、材料处理、拼配、混合晒干、入库陈化等工序。新会柑皮“入茶增百香”，柑皮果香融合茶香，形成独特的风味，茶性温和甘醇，老少皆宜。

〉〉〉2013 年入选市级非遗代表性项目

大有凉果制作技艺：
岭南果脯代表之一　果味突出清甜留香

“新会特产人人熟，大有凉果至醒目”。新会凉果历史悠久，凉果制作技艺不断创新发展，凉果更是与陈皮、葵扇并列为“新会三宝”，江门五邑海内外乡亲几乎无人不知，其中以“大有凉果”最具代表性。

清代中下叶新会凉果生意兴旺，众多酱园大量生产陈皮梅、柑饼、梅姜等岭南凉果（果脯），销往各地。建立于清光绪二十年（1894年）的“大有”酱园，将新会凉果制作技艺全面传承和发展，令“大有凉果”知名度进一步提高，成为岭南果脯的代表之一。

大有凉果制作技艺代表性产品是亚佗霉姜，相传为清乾隆年间会城田心巷一位卖腌制凉果和酸菜的“亚佗”所创。亚佗霉姜是用柠檬汁、新会陈皮、子姜、红糖制成的姜糕，柔软甜滑、甘香松化且具祛风寒、健脾胃、化痰止咳之效。

新会大红柑饼、新会糖子姜等也是大有凉果利用本地资源和独创工艺制作出的代表作，出口海外，深受欢迎。而陈皮梅、雪花梅、发财应子、甘草柠檬、贺年凉果等则体现了大有凉果对传统制作技艺的创新性发展。

新会是水果之乡，资源丰富，为凉果制作技艺的发展创造了有利条件，使凉果具有“原果风味突出，入口清甜美味，留香持久回味”的特点。浓厚的历史文化底蕴，更是凉果制作技艺的一大特色，大有凉果不仅仅是百年老字号，其制作技艺也是新会人的集体历史记忆。

〉〉〉2021 年入选市级非遗代表性项目

簕菜茶制作：
可冲茶饮又能煲汤　药食同源养生保健

簕菜茶制作是独特的恩平簕菜与中国传统茶文化相结合而产生的传统手工技艺。据《恩平县志》《恩平市志》等历史文献记载，簕菜茶制作在明末清初已经存在，流传至今已有300多年。

恩平地处广东省西南部，珠江三角洲西南端，属亚热带海洋性季风气候，四季分明，冬短夏长，温度、降水、光照等各项气候条件都十分适宜簕菜的生长。也正是这种多雨潮湿的气候，导致人们“湿热上火”，从而衍生出簕菜茶药食同源的膳食文化。

簕菜茶的制作工艺在中国传统制茶工艺的基础上，加入了突出簕菜茶药用价值的独特工艺，形成了独特而鲜明的工艺特色，拓展了传统茶文化。制作簕菜茶最初是为了储存簕菜，方便民间药用。改革开放后逐步向养生保健方向发展，是一种能冲茶饮，又能煲汤，既是茶又是菜的茶。

簕菜茶还有多种食疗功能：提高人体免疫力，提高血管弹性，清洁血管，促进胆固醇分解，预防流行性感冒、上呼吸道感染等疾病；簕菜中含有谷氨酸，具有健脑的功能，有利于大脑发育。

簕菜茶因地理特色鲜明、药膳价值高，先后获得江门市、广东省和国家的多项荣誉，不仅是恩平人日常饮用的茶，还远销国内外。簕菜茶制作将传统茶文化与当地特有资源和人民生活需求相结合，蕴含着深厚的地域文化内涵，具有珍贵的文化传承价值。

〉〉〉2022年入选市级非遗代表性项目

洪玄堂龟苓膏制作技艺：
十几种中草药熬制　清热去湿滋阴补肾

相传龟苓膏是清朝宫中皇帝指定食用的名贵药物。其性温和，不凉不燥，具有清热祛湿、旺血生肌、止瘙痒、去暗疮、润肠通便、阴补肾、养颜提神等功效。

洪玄堂龟苓膏的秘方起源可追溯到1906年，发源于开平市龙胜镇一带。传说当时张老太公为寻良药替母治病，到处拜访名医时偶遇一老医师，后重金买得此秘方。老母亲长期服用后身体无比健康，一直活到90多岁。故此秘方一直由张家子孙收藏传承，至今已是第五代，有着100多年的历史。

洪玄堂龟苓膏以八年以上的老龟板为主要材料，再配茯苓、葛花、生地、金银花、槐花、白芷、罗汉果、仙草等十几种中草药熬制而成。洪玄堂龟苓膏具备了药用、经济、旅游等多方面的丰富内涵，备受人们喜爱，并畅销中外。龟苓膏是龙胜三宝其中一宝，也是开平侨乡特色的实物手信，不少海外华侨回乡后，都会将其带回居住地，这样在异乡也能吃到家乡的味道，龟苓膏成了沟通乡情的纽带。

2018年，第五代传承人张伟光在坚持手工制作的基础上，把独家的古法龟苓膏制作出来售卖，还进行全新包装，创立了独家品牌洪玄堂龟苓膏，并开设多间龟苓膏连锁专卖店，力求惠及更多的民众，给更多的人带来健康和福音，把祖传的龟苓膏发扬光大。

〉〉〉2022年入选市级非遗代表性项目

马冈凉粉制作技艺：
烧仙草为主要原料　清热利湿夏季畅销

在开平市马冈镇，有一种盛行了数百年的地方特色小吃，呈透明墨茶色，有特殊中草药香味，拌上蜂蜜或者牛奶，甘凉清甜，爽滑可口，这就是马冈凉粉。

制作马冈凉粉的主要原材料是烧仙草，又叫凉粉草。凉粉草味甘、淡，性寒，有清热利湿、凉血解毒的功效。开平市的马冈镇和大沙镇，高山巍峨，土地肥沃，气候宜人，十分适合凉粉草的生长。

清朝初期，受饥荒所迫，漫山遍野的野生凉粉草激发了马冈人的灵感，他们学着用广东凉粉的制作方法做凉粉。但与广东凉粉不同的是，马冈凉粉只用凉粉草作原材料，保留原汁原味。马冈人就这样在路边采摘凉粉草，再做成凉粉，充作粮食。

虽然在马冈会制作凉粉的人不少，但是把凉粉当作生意来做的就只有马冈大厂村的周家想和周瑞宝。他们不仅把卖凉粉作为生计，还把这门传统技艺传承至今。

马冈凉粉采用传统方法制作，要经过摘草、晒干、浸泡、洗草、煮草、过滤、煮汁液、冲粉、煮粉、冷却共10道工序，耗时24小时左右，工序繁杂，费时费力。其中关键步骤"煮草"就有多道工序和技巧，火候要随时变化，在凉粉草出胶时，如何把握合适的火候，要兑多少水和碱水、面粉，要靠经验来判断。

除了开平本地人外，不少海内外人士都慕名而来品尝马冈凉粉。在炎热的夏天，整个马冈地区能卖出数万斤凉粉。

〉〉〉2021 年入选县（市、区）级非遗代表性项目

源广和盒仔茶（甘和茶）：二十八种草药熬制　九蒸九晒即冲即饮

1821年，祖籍霄乡的源吉华和三个儿子创立了“源广和甘和茶”，但这个品牌早期是售卖颜料的。源吉华父子看到很多穷苦百姓备受疾病煎熬无力寻医，便在祖先药方的基础上，请教名医并反复研制，将28种中草药熬成药汁，经九蒸九晒，制成即冲即饮的“盒仔茶”（因其产品用纸盒包装而得名），并在当地施药济世。

甘和茶作为日常茶饮，可预防感冒、疏风清暑、清热除滞，对身热骨痛、食滞肚痛及心腹饱胀等均有一定疗效。2017年，为了让更多的人了解和体验甘和茶特有的韵味，香港源吉林源广和有限公司回乡设厂，在鹤山市龙口镇霄南村生产源广和盒仔茶（甘和茶）。

〉〉〉2019年入选县（市、区）级非遗代表性项目

杜阮凉瓜外婆茶制作技艺：
晾晒凉瓜干冲泡茶　精选搭配多种食材

1900年，江门通商口岸繁荣，黄宝凤种植凉瓜，并挑到江门圩顶街售卖凉瓜和凉瓜干，又以凉瓜干为主料，运用各种食材互相搭配，煲成各种凉瓜茶售卖。以前没有风扇，人们喝上一碗凉瓜茶，就有丝丝凉意袭来，由于人们习惯称黄宝凤为"外婆"，凉瓜又产于蓬江杜阮，于是就将这款茶称为"杜阮凉瓜外婆茶"。

后来黄宝凤将种植凉瓜、晒凉瓜干、煲凉瓜茶的技艺传给其女施惠芳，施惠芳又传给其女朱艳华，几代的工艺传承已经使凉瓜茶成为杜阮独特的茶文化，对于研究五邑地区的风俗饮食、保健文化有较高价值。

〉〉〉2022年入选县（市、区）级非遗代表性项目

尖尾芋头茶制作技艺：
制作讲究清甜回甘　缓解感冒不适症状

尖尾芋头茶是蓬江地区一款别具特色的凉茶，主要材料为尖尾芋。

制作尖尾芋头茶的步骤烦琐，用时较长。尖尾芋采自蓬江区杜阮镇、棠下镇的山野、溪涧等阴凉潮湿处，处理好后加上蜜枣、红枣、炒过的黏米和适量水，先用武火煲5小时，再加满水改用文火煲20小时以上，中途再适量添加水、甘草来中和药性，直至汤色变为金黄色。

尖尾芋头茶适用于缓解流行性感冒及感冒引起的头痛、身倦等症状。不同于大部分凉茶的入口苦涩，芋头茶清甜好喝，久有回甘，在岭南地区是老少皆宜、四季可饮的饮料。

〉〉〉2022 年入选县（市、区）级非遗代表性项目

陈皮龟苓膏配制技艺：传统技艺搭配新料　爽滑润泽芳香独特

陈皮龟苓膏配制技艺是高氏家族四代相传的秘方，采用传统方法进行熬制，包含乌龟、茯苓、新会陈皮、蒲公英、金银花、菊花、槐花、甘草、栀子、黄精、佛手、桑葚等数十种原料。熬制陈皮龟苓膏，要将各种药材清洗捣碎，混合龟肉进行药液熬煮10-12小时，再熬煮龟板约16小时提取龟板胶，接着将药液与龟板胶进行混合，并重新煮沸搅拌，最后放凉至凝固为龟苓膏。

陈皮龟苓膏配制技艺历经四代，已形成较为成熟的配制体系。陈皮龟苓膏在江门新会乃至整个岭南地区都颇受欢迎，其凝结了江门特有传统食品的技艺精髓，是传承饮食文化的重要载体和药膳制作的历史见证。

〉〉〉2022 年入选县（市、区）级非遗代表性项目

岭南膏方：东晋医方早有记载　数代传承推广应用

岭南膏方早在东晋时期葛洪的《肘后备急方》中就有记载，在五邑地区，当地养蜂人及中医郎中们，用岭南地区本地药材等资源与蜂蜜制成膏方防病治病。岭南膏方从用药理论、膏方制作到临床应用，经江门市名中医文洁珍教授、成永明教授、任小红教授为代表的一脉数代传承。

他们至今已制作岭南膏方60余种，并向五邑地区各家医院推广应用，对岭南膏方学术思想及临床经验进行了系统挖掘、整理、传承和推广，形成了较完善的学术经验与实践体系，在五邑地区甚至广东省中医界都有较大的影响力。

〉〉〉2022 年入选市级非遗代表性项目

龙口牛肉制作技艺：
宰牛刀法须快而准　烹牛搭配当地食材

在鹤山龙口，当地传唱着"冲菜牛肉，斫烂斫烂，分开两餐"的童谣，道出龙口民间对冲菜牛肉的喜爱。其做法是把牛肉剁碎，配以冲菜、马蹄、陈皮、沙葛、老姜的碎粒，搅拌后蒸熟。这道菜以佐料补充牛肉的味道，使菜式中既有牛肉的鲜味，又有陈皮的清香、老姜的生辣、马蹄的爽口，是龙口人的至爱。

鲜卑源氏由北方迁至鹤山龙口定居，逐渐与当地人融合。当地人借鉴学习形成了宰牛、吃牛的习俗与技艺，包括八月十四吃牛肉，并对宰牛、吃牛进行改良，使牛肉清、鲜、嫩、滑、爽。

与源氏共处一村的温氏祖辈从事贩牛、宰牛生意。到20世纪初，温德胜（人称"牛栏德"）到新加坡等地谋生，习得欧洲斗牛技艺，回乡后改良了当地的宰牛技艺，使龙口牛肉更加美味。

龙口牛肉制作技艺包括宰牛和烹牛两方面。宰牛讲究快而准，同时结合中国吃牛习惯，以各种刀法把牛分解成十多个不同部位。烹牛方面，主要有冲菜牛肉、生炒牛肉、花生炆牛蹄、牛肉云吞、"打边炉"、牛杂等特色菜式，富有地方特色。

龙口牛肉制作技艺的主要特征包括三方面：一是吃牛习俗融汇民族生活习俗，以牛肉为上品，以吃牛肉为祝福；二是宰牛技法结合东西方技艺，刀功快而准，刀法繁多；三是烹牛方法符合当地人需求，充分利用地方食材配料，提高牛肉品质。

〉〉〉2008 年入选县（市、区）级非遗代表性项目

水步山口圩牛肉节：
圩日买牛肉吃牛肉 相传吃后可以祛病

台山市水步镇山口圩牛肉节起源于1895年，相传当地人在龙田村侧兴建北帝庙，重阳节在山口圩宰牛为工匠加菜，剩下的牛肉卖给乡人。一位乡民买了两三斤牛肉回家，其母患有瘀症，危在旦夕，吃了牛肉后竟立刻痊愈。由此人们传说吃山口圩牛肉可以祛病，水步山口圩牛肉节也因此而形成。

1990年开始，当地人在圩中设立大排档，现场宰杀、买卖、品尝牛肉。牛肉节的时间也由重阳节一天变为农历九月初八、初九两天，之后又延长至三四天。2007年以来，牛肉节每年从农历九月初一至初九，一连举行9天，趁圩买牛肉吃牛肉的人也由本地扩展到整个泛珠江三角区域和海外。

〉〉〉2019年入选市级非遗代表性项目

马冈牛皮制作技艺：
厨师秘制牛皮菜式　口感爽脆声名远扬

牛皮制作成皮衣、皮包、皮鞋，很常见。但把牛皮制作成一道舌尖上的美食，则是开平马冈人的杰作。

马冈牛皮的起源有一个故事。相传清光绪年间马冈圩一户人家办婚庆喜宴，将自家饲养了多年的一头耕牛宰杀，准备用作招待宾客的主菜。当时匪患横行，这户人家遭到洗劫，所有的牛肉都被抢走，只剩下一张牛皮。

没有牛肉，喜宴如何成席呢？这家人愁上眉头。此时厨师心生一计，拿起那张毛茸茸的牛皮，连夜赶制，准备菜式。喜宴开始后，一大盆牛皮端上酒桌，宾客们品尝之后，个个赞叹这道菜口感爽脆、口味香醇。大家纷纷询问这道菜的菜名，厨师回答："这是我秘制的'马冈牛皮'。"后来，马冈牛皮的制作技艺就流传下来。

牛皮含有丰富的胶原蛋白，具有养胃、美颜等功效。马冈牛皮的原材料，以五六岁的水牛皮为最佳，香醇可口，脆口爽滑，特别是牛尾、牛耳、牛鼻等部位，味道和口感更胜一筹。品尝马冈牛皮，蘸点特制的酱油、花生油和淮盐等配料，别有一番风味。有意思的是，马冈当地，"牛皮林""牛皮杰""牛皮张"等称谓，是用来称呼制作和销售马冈牛皮的师傅的，当地老百姓家喻户晓、耳熟能详。

如今，马冈牛皮名声远扬，越来越多人知道这道特色小吃。除了开平本地人外，海内外人士，特别是珠三角广州、佛山、中山等地的游客，都慕名而来品尝这道特色小吃。

〉〉〉2022 年入选市级非遗代表性项目

石板沙黄沙蚬烹饪技艺：
肉质肥嫩清甜味美　有“西江鲍鱼”之美称

位于新会区东部的睦洲镇，境内河网纵横交错，土地肥沃，气候温和，雨量充沛，物产富饶，素有“鱼米之乡”的美誉。

位于睦洲镇最东面的石板沙村，是一个由流水冲积而成的孤岛。这里四面环水，临近江门市饮用水源保护区，江水清澈无污染，水流湍急，带来了大量的黄沙和微生物，形成沙多泥少的江底环境，为黄沙蚬提供了优质的土壤生长环境。石板沙黄沙蚬比一般河蚬蚬身大，肉肥嫩，清甜味美，有“西江鲍鱼”的美称。

石板沙渔民的捕蚬方式很特别。他们采用的是祖传的特制捞蚬工具——蚬艇。蚬艇一侧系一排帆布板，另一侧拖一排蚬撬。蚬撬形似耙，隔间的缝隙刚好留住成年的黄沙蚬，让小蚬通过蚬撬的缝隙掉回江中继续成长。捞蚬时，蚬艇一侧的帆布板利用水流冲击带动船身，带动另一侧的蚬撬缓缓将藏在江底下的蚬扒进撬框。

石板沙渔民使用这种世世代代传承下来的捕捞技艺捕捞的黄沙蚬，蚬身完整，个头均匀，没有泥味，这也是保证石板沙黄沙蚬鲜香甜美的秘诀之一。黄沙蚬的烹制方法很多，蒸、焗、烧、炒都可以，并且各有风味。其中最经典、最受欢迎的是油盐蒸黄沙蚬，将黄沙蚬的鲜味发挥得淋漓尽致，令人唇齿留香，回味无穷。

除了鲜食，黄沙蚬还可以加工成蚬干、罐头、冻蚬肉或腌制成咸蚬，深受人们喜爱。许多外地游客慕名前来只为一尝黄沙蚬的鲜味，促进了石板沙村旅游经济的发展。

〉〉〉2008 年入选县（市、区）级非遗代表性项目

潭碧冬瓜：肉厚瓤少清甜爽脆　全身是宝远销外地

潭碧冬瓜产于开平市苍城镇潭碧村，种植历史达200年。相传当年潭碧村有一女子远嫁外地，因家贫办不起嫁妆，其父挑了一担冬瓜作嫁妆。男方家属吃后赞不绝口，经他们传开了潭碧冬瓜的美名。

潭碧冬瓜比一般冬瓜稍小，单瓜重约3公斤，外皮自然呈灰白色，肉厚瓤少，清甜爽脆，能储存一年以上，因味美远销外地。潭碧冬瓜全身都是宝：冬瓜皮晒干可药用，清热解暑，可用于煲汤、煲凉茶；冬瓜肉可以制作成冬瓜条、冬瓜干、冬蓉等；鲜冬瓜子可制作炒瓜子；瓜瓤可以用来喂猪；瓜身可以做成冬瓜盅，用于煲汤、炒、凉拌等。

〉〉〉2007 年入选县（市、区）级非遗代表性项目

鹤城腐竹：黄豆山泉水为原料　口感柔软风味独特

腐竹制作在鹤城已有一两百年的历史，曾是当地客家人谋生的手段，鹤城至今仍然保留着一套完整的传统制作方法。

鹤城腐竹以黄豆、山泉水为原料，经选豆、脱壳、磨制豆浆、揭皮、烘干等十几道工序制成。鹤城腐竹风味独特，脱壳工序让口感更柔软，这也是其最大的特点。

如今鹤城腐竹制作多采用现代工艺，与时俱进，改良生产技术，使产品更适合现代人的饮食。数百年来，鹤城腐竹一直陪伴着这里的客家人，他们逢年过节都会奉上一道用腐竹做的主菜。

〉〉〉2021 年入选县（市、区）级非遗代表性项目

荷塘冲菜制作技艺：
口感脆嫩甘香　入选“五邑八宝”

蓬江区荷塘镇鱼塘星罗棋布、土壤肥沃，素有“鱼米之乡”之称，为荷塘人制作冲菜提供了有利条件。

荷塘冲菜制作技艺源于清道光年间，腌制方式分为“白身”和“料菜”两类。“白身”只用盐腌制，“料菜”则是在盐的基础上再加入五香粉一同腌制。

2007年，荷塘冲菜入选“五邑八宝”，成为地理标志产品。荷塘冲菜是五邑地区最大宗的出口咸制食品，其色泽金黄、脆嫩甘香、咸中带甜，可做成头菜肉饼、头菜蒸鱼、头菜蒸猪肉等菜肴，也可作为咸菜单独上桌。煲蚬粥、鲩鱼冬瓜汤时放入一些头菜，则别具风味。

〉〉〉2019 年入选县（市、区）级非遗代表性项目

荷塘煎鱼饼：慢火油煎鲮鱼薄饼　爽滑弹牙老少咸宜

荷塘人对食鱼早有研究，在制作技艺上不断创新。早在清代同治年间，已有人制作荷塘煎鱼饼——将鲮鱼青压成薄饼形，用慢火煎至金黄，使之具有香、滑、嫩、鲜、爽口不粘牙的特色。

荷塘煎鱼饼历来被视为传统名菜，具有爽滑弹牙、色味俱佳的特点。煎过的鱼饼表皮酥脆、肉质嫩滑、鲜而不腥，伴有淡淡的鱼肉香味，让人回味无穷。荷塘煎鱼饼脂肪低，营养丰富，老少咸宜，深受大众欢迎，现已成为远近闻名的美食，并传至整个泛珠江三角区域。

〉〉〉2017 年入选县（市、区）级非遗代表性项目

潮连酿鳝制作技艺：饱满金黄状若元宝　寓意丰收财源滚滚

蓬江潮连是西江上的一个河岛，周边河水清澈，盛产肉质细腻的西江蚬。蚬肉鲜美，但小小的蚬肉不多，人们就尝试把蚬肉与鲮鱼肉混合起来，竟发现了意想不到的美味。后来人们以鳝肉代替蚬肉，放入鳝壳里面一起煎，形成“酿鳝”，因“鳝”与“钱”同音，饱满、金黄的鳝状若元宝，寓为年年丰收、财源滚滚。

“酿鳝”肉质鲜嫩、入口弹牙、鲜而不腥、油而不腻、营养丰富，逐渐成为潮连家喻户晓的特色美食。移居海外的潮连人众多，他们远渡重洋时也喜欢把家乡美食带过去，酿鳝因此成为海外潮连人寄寓思乡之情的传统特色美食。

〉〉〉2022 年入选县（市、区）级非遗代表性项目

李氏猪脚姜制作技艺：脍而不辣　肥而不腻

在江海城乡，家中产妇坐月子，家里添丁馈赠亲友，日常招待亲邻好友……都可以看到当地颇有名气的李氏猪脚姜。

猪脚姜是一道传承了600多年的广东传统名菜，在冬冷春寒时进饮能补气活络、驱寒祛风、醒胃可口。李氏猪脚姜精选本地优质老姜、散养土鸡蛋、土猪猪脚，以及用自家糯米发酵而成的纯米醋，加上糖、陈皮、辛香料等酿制成甜醋，在瓦煲里用柴火熬制，断续烧煮时长需5天。

李氏猪脚姜里的老姜脍而不辣，入口爽甜不起渣；猪脚肥而不腻；甜醋香而不酸。这一制作技艺被李氏子孙后代所传承，至今已传承四代。

〉〉〉2008 年入选县（市、区）级非遗代表性项目

赤坎豆腐角：民国时也安氏首创　外脆内酥风味独特

民国时期，开平赤坎经营小食店的居民也安氏首创赤坎豆腐角。赤坎豆腐角一经出现，就在当地迅速流行起来。

也安氏选用优质黄豆加工成豆腐，再切成小方块，并在豆腐块上面抹上一层用去骨鲮鱼肉和瘦肉剁成的肉酱，再加上葱花、生粉、姜丝等配料，然后放进平底铁锅中煎至微黄，便可食用。其味香气四溢，其质外脆内酥，独具风味。

〉〉〉2021 年入选县（市、区）级非遗代表性项目

禾草灰咸鸭蛋传统制作技艺：
蛋清雪白鸭芯油润　带来香醇味蕾享受

蛋清雪白松软，鸭芯油光四溢，入口油润起沙、咸淡适宜——这是开平市旭日蛋品有限公司制作的禾草灰咸鸭蛋带来的味蕾享受。

他们所传承并创新的禾草灰咸鸭蛋传统制作技艺，腌制辅料仅使用禾草灰、水和食盐，不加药材或黄泥，腌制出来的咸鸭蛋味道更香醇。

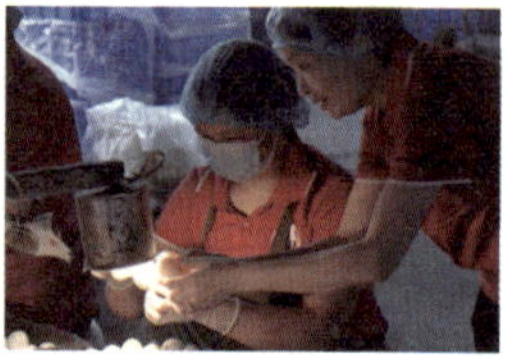

禾草灰咸鸭蛋腌制时长约40—60天，时间短了不出油，时间长了则齁咸。制作禾草灰咸鸭蛋，工序繁杂，包含选取鸭蛋、检测鲜蛋、配制浆料、上浆裹灰、腌制鸭蛋、成品包装等，每一道工序，都需要师傅精细操作，每一颗禾草灰咸鸭蛋都昭示着传统制作技艺的美妙。

〉〉〉2022 年入选县（市、区）级非遗代表性项目

司前温蛋卤制技艺：
慢火卤煮卤汁浸泡　外地香料配料多元

新会区司前镇在古代有古驿道贯穿全境，联通东西南北，是商旅必经之地，因此造就了美食的多样性，卤蛋在这里成为“温蛋”。卤制过程中所需要的香料也由外地输入。可见司前温蛋是饮食文化交流的产物。

司前温蛋采用“煀”的慢火卤煮技艺制作，先将鸡蛋煮至熟透，在特制卤汁中浸泡两三个小时；再将腌好的蛋放进锅里，加入清水，并将已准备好的温蛋配料（八角、小茴香、桂皮、陈皮、干姜、香叶、丁香）用布包着放进锅内，再加入片糖、五花腩或黑豆，先猛火煮开，然后再小火慢焖，直至酱汁收干，最后捞出放凉即可。

〉〉〉2021 年入选市级非遗代表性项目

黄洞米点：
白水角、团糍、鸡屎藤糕　乡间小食载时节文化

黄洞米点，包括白水角、团糍、糍必、鸡屎藤糕等乡间小食。

相传珠玑巷移民领头人罗贵及其族人一路乘船南行，途中带了一些米团糕，用水泡着，靠岸后用水煮热就可以吃，其中最有代表性的就是团糍。黄洞人先祖随罗贵在鹤山黄洞村安居，黄洞人对米点十分喜爱，结合珠三角的饮食习惯，在米点基础上创造出白水角，利用当地的鸡屎藤草制作鸡屎藤糕，逐步形成了具有黄洞特色的黄洞米点系列。

要制作团糍，须将本地大米打成米浆，放入热锅反复搅拌成米糊米团，之后反复捶打、拉伸、揉压、摔按，直到米团变筋道，才算完成。糍必则是将蒸好的米团捏成小块，再搓成两头尖、中间稍粗、长约10厘米的条状，配上腊肉片、白菜丝、芹菜大火翻炒，充分吸收肉与菜的味道。团糍和糍必属于年节食品。

白水角主要在酬神的社日和孩子上学的日子食用。先用制作团糍的方法制作粉团，将其搓成皮，然后包馅制作白水角。

鸡屎藤糕主要在清明节食用，当地人以之祭祖。鸡屎藤糕的独特之处在于，它所配的米浆是团糍所用的，更具米味，很筋道，而在制作时，一层一层地蒸煮，使得鸡屎藤糕的口感更为细腻。

黄洞米点历史悠久、品种多样、制作讲究、用料丰富，具有历史研究价值。黄洞村人在不同的岁时节庆食用不同米点，有严格的传统制作流程和食用规仪，具有民俗文化价值。

〉〉〉2021 年入选市级非遗代表性项目

古劳鱼皮角：薄而不破滑而不烂　鱼香扑鼻肉香醉人

古劳鱼皮角是鹤山市古劳镇及其周边地区流行的早餐食品。吃一份鱼皮角，配一份鱼茸粥，就是“水区”人独具特色的早餐，经济实惠又新鲜可口。

古劳鱼皮角的制作技艺，包括搓粉、片皮、捣馅、包馅、蒸煮一系列程序。首先是搓粉，外皮粉料选用木薯粉与澄面，用95摄氏度的热水搅拌。水温太高会搓不开，水温不够则会影响口感。片皮用菜刀，要特别注重刀工，让外皮薄而不破，滑而不烂。

制作鱼皮角馅的鱼肉都选自当地产的鲜活鲮鱼或鲩鱼，拌以肥瘦参半的猪肉，另加冬菇、马蹄、陈皮、胡椒、葱花等10多种配料捣制成馅。包好馅后，不用特别收边，只须把外皮中间稍微捏紧即可，然后放蒸笼中用猛火蒸15分钟，刚好把馅料蒸熟。出锅的鱼皮角鱼香扑鼻，肉香醉人，绝无鱼腥味。进食时，一口一个，汁水不流不溢，滑腻爽口，齿颊留香，可配酱油或者甜醋，更为美味。

传说当地州官在广桥圩吃到以鱼肉为馅的鱼皮角之后，叹为美食，并道“世间一绝，象形，美味，口齿留香”，在当地传为佳话。人们常说：“没吃上鱼皮角者不算到过古劳水乡。”

古劳鱼皮角有鲜明的地方特色，食材取自本地新鲜鱼肉，适应本地食客的口味需求。现在鱼皮角的制作在鹤山古劳地区比较普遍，主要以餐饮店为主，镇圩上的早餐店几乎都制作出售鱼皮角，鱼皮角成为当地的招牌美食。

〉〉〉2021 年入选市级非遗代表性项目

塘口家糍制作技艺：
传统节日必不可少　老鼠艾糍畅销海外

在开平，当地村民在农历二月初二和三月初三当天都会制作塘口家糍，或供食用，或作为祭祀的供祭品，这是开平侨乡的民俗习惯。

老鼠艾糍是塘口家糍的代表，关于它的来源，流传着这样一段古老传说：在南宋灭亡后，方道盛驸马带着公主来到开平定居，两人时常想起在宫廷尝过的点心，其中有一种用野生植物的嫩叶与面粉拌和做成的粑粑，里面放有各种馅料，美味可口，他们一直想尝试仿做。南方的春季天气潮湿，为了适应开平本地的水土，方驸马便吩咐下人，结合开平人的饮食习惯，采用当地老鼠艾草（鼠曲草）的嫩叶，与糯米粉、粘米粉拌和后做成了艾糍。

此后，每到春季，当地人采下鲜嫩的老鼠艾叶，做成艾绒，将其与糯米粉拌在一起，以砂糖和花生碎为馅料，团成一个个绿色的小粑粑放进锅里蒸熟，这就成了老鼠艾糍。这一塘口家糍，是开平人根据不同的节令，结合食材的食疗功效而制成的，塘口方氏后人按照祖辈传下来的做法，将糍点延续传承，如今，塘口家糍已成为开平人传统节日必不可少的食品。

塘口家糍体现了开平的传统文化底蕴。由于开平侨眷、归侨生活比较富裕，所做的糍点格外讲究，体现了塘口人对饮食文化的追求与创新精神。塘口家糍也是开平侨乡的特色手信，向海内外游客展示了开平的独特文化，让海外华侨品尝到家乡的味道，缓解乡愁。

〉〉〉2022 年入选市级非遗代表性项目

大泽糍仔制作技艺：
层层表皮包裹甜蜜米花　糯香麦香花香齿颊流连

新会区西南部大泽镇的大泽糍仔，是远近闻名的地方特色美食，是利用当地特有材料手工制作的可口点心。

据传，大泽糍仔由宋元年间大泽当地一大户人家的厨娘首创。由于别具风味，大泽糍仔成为大户人家祭祀及宴客之必备品。后来，厨娘后人以制作大泽糍仔谋生，制作技艺外传于世，当地不少农家妇女也掌握了制作糍仔的技艺。大泽糍仔渐成地方特色食品，是当地茶楼食肆的主打点心，也是大泽人清明节拜祭祖先时的必备供品之一。

制作大泽糍仔的用料，一是糯米粉，选用大泽本地肥沃滩田种植的上乘“大糯”品种，俗称“滩糯”，传统土法脱壳舂粉（人工拉磨踩碓）；二是馅料，主要是爆谷花，大泽人称之为“瓜卜”，传统加工方法是将糯谷放进加热的大铁锅里，不停地翻炒，使糯谷爆开成为“瓜卜”；三是佐料，选取纯正花生油、麦芽糖或蜜糖等，与爆谷花配成馅料。

制作时，将挑拣干净的爆谷花与煮熟的糖浆调和。料备好后，就要“打粉头”，粉头打得好，做出来的糍仔就绵软带韧，咀嚼弹牙。粉头先搓成条状再截为短粒，每粒都揉成小球再压扁成饼状，放入馅料，包好搓圆，搓好后用油炸熟。

出锅的大泽糍仔，金黄的糯米粉表皮包着泛白的二皮，二皮又裹着洁白的糯米花。细细品尝大泽糍仔，表皮又香又脆，二皮又韧又糯，“心花”芬芳甜蜜，糯香、麦香、花香在齿颊流连，馥郁不散。

〉〉〉2021 年入选县（市、区）级非遗代表性项目

塘口糍花制作技艺：
雕刻各式吉祥图案　美味可口寓意深刻

塘口糍花充分展示了开平当地的饮食习惯和喜庆习俗，不仅工艺精巧，美味可口，更包含深刻寓意。制作塘口糍花时先取搓好的粉团压扁，拿公鸡碗盖上去，开成圆形粉饼，用小刀在圆形的粉饼上雕上多种图案，糍边用剪刀剪出三角形锯齿状的花边，放进油锅里烹炸即成。

在开平，男女双方结婚后第一个春节，女方家要“担节”到男方家，糍花饼必不可少，上面通常雕刻吉、寿、福、囍等吉祥字样或鲤鱼和各种鲜花图案，寓意花好月圆、百年好合；若家里新添了男丁，男方家则会于满月当天制作大肚茅这种糍点，寓意好子好孙、儿孙满堂。

〉〉〉2022 年入选 县（市、区）级非遗代表性项目

米团糍制作技艺：
形如年糕象征团圆　九个步骤制作繁复

米团糍，又称团糍，形如年糕。蓬江区棠下镇一带，一般在每年的冬至前后、农事冬闲时开始做米团糍，方言称为“寒提”，制作分为浸、滤、磨、煮、搓、捏、蒸、凉、泡九个步骤。米团糍是南宋时期罗贵率领珠玑巷36姓97户迁徙的重要物质保障，制作米团糍、品尝米团糍具有纪念罗贵南迁的意义。

象征着阖家团圆、平安、吉祥的米团糍，不仅饱含了人民对美好生活的愿景，更是棠下人不可或缺的精神寄托，慰藉了在外游子的思乡之情，有利于侨胞铭记家乡历史文化，增强民族凝聚力。

〉〉〉2007年入选市级非遗代表性项目

外海面制作工艺：
竹升压打面如“银丝” 口感鲜美爽滑不糊

一碗热汤面，往往能勾起思乡的情绪。在我国，面条有不同的制作方式，也有各自的滋味。江门外海面的手工制作技艺历史悠久、声名远播，承载了数代人对家乡的记忆。

外海面分为三个品种：面、云吞、云吞面。广东人把“馄饨”说成“云吞”，云吞和面煮熟后一起放进碗里，就是人们所说的“云吞面”。外海面扬名于世，究其原因，一是选料上乘，制作独特，二是口感鲜美，爽滑不糊，肥而不腻，让人有垂涎欲滴、肚饱眼不饱的感觉。

外海面传统制作工序有6道，其中最具特色的是压面，也叫打面。用鸭蛋（鸡蛋）、精面粉加适量水，反复搓匀后，以大竹升（杠）压打放在案台上面的面粉，压至面粉起“面筋”。打面者，骑在竹杠上的末端，脚尖着地一上一下用力压之，其状如跃马奔腾，把面粉团反复压到薄如纸，然后用锋利的小刀切成细丝，故有“银丝”面之称。

煮面时，要准备一锅烧开的清水，一锅已熬好、用文火加热的上汤，把面放在笊篱上，徐徐放入开水锅里，待一分钟，提起笊篱，把面在笊篱上抛两抛，然后又放入开水锅里浸一下，又提上来抛两下，再浸，再抛，放入碗里，放上鱼饼丝、葱花，淋上热猪油，倒入上汤，一碗面就漉完了。

从20世纪三四十年代街上的流动面摊，到现在的连锁经营餐厅，外海面不断适应社会发展，成为受人欢迎的平民小吃。

〉〉〉2019 年入选市级非遗代表性项目

恩平濑粉：每逢佳节轧濑粉　既是礼俗也是情

在恩平，农历八月十五家家必备濑粉，户户都要“轧濑粉”（制作濑粉）。恩平中秋吃濑粉的习俗起源于汉朝。濑粉圆圆的、细细长长的，伴以月饼及芋头、圆柚、甜圆糍、龙眼、苹果、葡萄等来祭月、拜月、赏月，以此祈求家人及亲朋能团圆、健康、平安。

恩平濑粉传统的制作技艺主要有坐粉（人工将糯米粉碎）、搓粉、煮粉头、和粉、上槽、轧粉、濑粉、晾粉等工序，每道工序均有独特的技艺特色和要求。在制作濑粉的过程中，左邻右舍相互帮忙，亲戚朋友开心团聚，“轧濑粉”成为恩平各镇街的一种群众性节庆礼俗，是恩平人联系乡情的重要文化活动，到现在还十分流行。

恩平濑粉表面光滑、粗细均匀、色泽诱人，煮后不糊汤、不粘连，入口软、韧、

爽、滑。濑粉配以靓汤食用，更美味可口，如药材鸡汤、牛肉莲藕汤、药材鸭汤、药材大骨汤等。随着科技的发展，“濑粉”上槽由最初的“竹粉槽”“木粉槽”转变到现在的“金属槽”，制作也已有半机制、机制，这从侧面反映出社会的进步。

恩平濑粉作为美食流传至今，早已走出恩平，畅销国内外，销往中国香港、中国澳门、美国、委内瑞拉、多米尼加、巴拿马、哥斯达黎加等国家和地区，成为不少人的常用快餐，也是海外侨胞乡情的重要承载物。

〉〉〉2008 年入选县（市、区）级非遗代表性项目

马冈濑粉：颜色洁白美味可口　应节食用寓意长久

马冈濑粉颜色洁白，配上汤底、佐料，口感爽滑清脆、坚韧适度、美味可口，深为食客所喜爱，是开平马冈一带的驰名美食。

300多年前，马冈人的祖先从中原带来了七月节吃濑粉的习俗。长长的濑粉用来敬奉祖先神明，寓意长长久久。后来马冈、苍城一带的乡村，每逢中秋、重阳等节日，家家户户都会吃濑粉。

过去马冈濑粉是手工制作，加水将粘米粉揉搓至富有弹性的粉团，然后把粉团放入木槽挤压成条状，放在开水锅里，煮数分钟后捞起，再放入凉水中漂过后捞起即可。也可制作濑粉干，便于远途运输或储存，以备平时烹制。

〉〉〉2019年入选市级非遗代表性项目

台山黄鳝饭制作技艺：瓦煲慢火焖饭 香味飘遍岭南

台山地临海滨，盛产黄鳝。台山黄鳝饭起源于台山市水步镇，被誉为“饭中之王”。

相传百年前台山水步镇一个乡村某一个渔夫打鱼回家，来不及给孩子做晚饭，就把捕捞到的黄鳝撕开，连同葱花、姜丝等佐料一起放在锅里煮，结果香气飘满村子，从此他家的黄鳝饭也声名远扬。1987年，村民黄景岳在宝兴圩开了一间叫“爽爽”的食肆，把黄鳝饭推向市场，使黄鳝饭成为一种大众食品。30多年后，水步镇几乎每一间食肆都能做出美味可口的黄鳝饭，黄鳝饭成为侨乡家喻户晓的传统美食。

台山黄鳝饭采用传统的瓦煲方法，以本地黄鳝和优质大米为原料，佐以姜丝、葱花等配料调和而成。制作过程中，先将黄鳝放入已烧开的水中煮至能撕开，捞起过冷河，去骨，把鳝肉撕（切）好待用。用大号瓦煲将水煮开，将米倒下煮至起蟛蜞眼状。再把炒匀的黄鳝放入饭面，用慢火将饭焖透，焗饭期间，从瓦煲边放入少许生油，上饭时在饭面上放少许葱花。

黄鳝饭上桌后要再等10分钟才开盖，且要捞匀了再吃，米饭会更香，带韧性且不粘口。台山独特的烹饪手法令黄鳝饭油而不腻、软硬适中、香气四溢，让人垂涎欲滴。

近年来台山黄鳝饭名声大噪，走红珠三角，不仅在台山四处开花，还被珠三角多家食肆引进，成为一道普罗大众追捧的广东传统特色美食，擦亮了岭南传统饮食文化的品牌。

〉〉〉2022年入选市级非遗代表性项目

赤坎煲仔饭烹饪技艺：
坚持果木柴火烹饪　天然食材撩动味蕾

民国初期，开平赤坎圩拥有众多的补镬、箍桶、打铁、打棉胎等手工艺人及杂货摊档，他们时常挑着担子走街串巷。为了在招徕生意的同时解决自己的吃饭问题，他们随身带有瓦煲或茶煲，到了饭点即可做出简单方便的熟瓦煲饭，这就是现在赤坎煲仔饭的雏形。

20世纪20年代后期，赤坎人用瓦煲做起饮食生意，并发展成为今天名扬海内外的赤坎煲仔饭。彼时，名气最大的煲仔饭店，一间是关锡交在赤坎圩创办的交记煲仔饭店，另一间是谭利侣创办的利记饭店。关锡交店中除镇店之宝——鸡饭外，还有腊肠、禾雀等煲仔饭，关锡交有"煲仔交"之称；谭利侣则以黄鳝饭为招牌饭吸引食客，有"煲仔利"之称。这时候的赤坎煲仔饭，是赤坎人食疗及消夜的饮食，每家饭店都以一煲秘制煲仔饭作为招牌饭，赤坎煲仔饭开始兴起。

20世纪80年代，赤坎圩成为电影电视剧的拍摄地，到赤坎旅游的人多了，关家后人创办关氏饭店，带动了众多赤坎圩煲仔饭店，赤坎煲仔饭进入鼎盛时期。

赤坎煲仔饭独特之处有三：一是坚持以果木柴作为柴火烹饪；二是食材多样，有黄鳝、牛肉、排骨、肉片、腊味、咸鱼、麦豆、菜果、鸡、腊鸭、秋鱼等；三是米饭选用农民自种十月晚稻米。

赤坎煲仔饭，是赤坎人用自己的智慧，在有限的烹制条件下，用本地天然食材烹饪而成的一道独特的美食，是几代赤坎人记忆中的味道。

第四章　触觉

抚摸、拥抱、握手……，身体接触是人类爱意表达的通道之一。五感之中，触觉从某种程度而言意味着亲密感，它可以驱散孤独、安抚情绪。在四肢触觉中，手的触觉感最为明显，因此人类大部分活动都是通过手来实现的。

在众多非遗项目中，严谨细腻、精巧繁华的传统技艺，通过能工巧匠们的双手一一呈现，如“字迹铮铮如蛟凤”的白沙茅龙笔，“刀法奇特游龙惊鸿”的茶坑石雕刻。双手创作间倾注着毕生热爱，指尖的每一次触碰，就像是开启一把指纹锁，让人探寻到更多的内涵——执笔挥毫间，方能抒发胸中豪迈之情；精雕细琢中，才能镌刻心底山川风月。

〉〉〉2008年入选国家级非遗代表性项目

新会葵艺：侨乡文化跃然扇面 诗情画意烙于葵中

在惠林葵艺馆，新会葵艺传承人廖惠林正在葵扇上烙画。台灯的灯光打在扇面上，廖惠林的目光聚集在笔尖。随着火笔尖在葵扇上灵巧移动，绵延起伏的高山跃然扇面，灼烧时的缕缕青烟，让人顿感意境横生。“葵扇扇面单薄且凹凸不平，烙画时太用力、时间太长，就很容易烙穿葵扇；如果力道不够、时间又不够，效果就显不出来；还要精准控制、配合温度和力度，才能烙出画面的层次感。”

烙画扇（又称火画扇）是新会葵艺的代表作，廖惠林介绍，据传清同治末年的画师陈晚无意中用烧红的铁棒在扇面烫出了图案，便尝试如此在扇面作画，因此诞生了烙画扇，又称火画扇。

新会盛产蒲葵，特产葵扇，素有“葵乡”美誉。新会葵艺历史久远，从东晋起，新会就已开始种植葵树和加工葵制品。经历民间艺匠千余年的探索，新会人将编织、绣花、绘画和印花等工艺融为一体，火画扇更是将新会葵艺推向出神入化的境地。新会的能工巧匠们，将梁启超故居、新会碉楼、小鸟天堂、侨乡文化等本土元素烙于葵扇之上，传承葵艺的同时，向世人展示了新会深厚的文化底蕴。

葵艺最兴盛时期，新会有300多家葵艺厂、500多个花色品种，产品远销欧美及东南亚各国。火画扇在1952年被国家列为特种工艺品，还荣获中国轻工部首届“百花奖”等多个国家奖项。1988年，廖惠林代表国家参加在法国举行的民间艺术博览会，进行现场火画扇制作表演，赢得广泛赞誉。1958年，周恩来总理到新会视察，专程到葵艺厂参观，对新会

新会葵艺

的葵工艺制品给予高度评价。“清凉世界，出自手中，精逾鬼斧，巧夺天工，飞遍寰宇，压倒西风”，这是郭沫若1959年到新会视察时，对葵扇工艺的高度评价。

廖惠林说，新会葵艺历久不衰，扬名于世，究其原因，一方面是材质独特，新会生产的蒲葵，叶面滑而心蒂正，骨骼细匀，质地柔韧，为其他产地的蒲葵所难及；另一方面是制作工艺精巧，新会葵艺的代表作火画扇，选料上就十分讲究，在葵树茎干形成以后，用草绳把葵树正中的葵笔（刚长出未展开的葵叶，没经过光合作用，形似毛笔）扎好，待成熟后割下。第一次割笔的时间一般在阳历四至五月，以后成熟一支就割一支，及时割下成熟的葵笔，是获得制扇优质原料的先决条件。

一把精品烙画工艺葵扇需经过二十多道工序，包括割葵笔、晒扇、切耳、焙扇、挑扇、扫扇、剪扇、合扇（划扇、削骨、开篾、导扇、缝制）、熏扇、剪柄、装柄等，最后是在葵扇上烙画。

廖惠林介绍，最早创作火画扇时用的是铁笔，用特制火笔夹夹住烧红的铁笔，然后在葵扇上作画。传统的铁笔很笨重，难以掌控力度，温度也很难控制，老一辈的工匠从拜师学艺开始，没个三年五载很难出师。如今虽然有了专业的烙画笔，轻便了许多，还能调节、显示温度，“但每一幅作品，力度和温度的把控、配合，还须用心体会，除了技艺本身，更需要平静的心境”。

从事葵艺50多年的廖惠林，不断传承技艺，培养葵艺人才，提升葵艺品的艺术收藏价值，他创办的葵艺中心于2012年成为广东省非物质文化遗产传承基地。令他高兴的是，曾经老化的葵艺工匠队伍，如今加入了许多新鲜血液，美术专业的年轻徒弟，会在火画扇创作中融入自己的想法和创意。老手艺融入新思维，廖惠林对未来新会葵艺的传承充满信心。

〉〉〉2008 年入选国家级非遗代表性项目

白沙茅龙笔制作技艺：
束茅为笔挥砚墨　字迹铮铮如蛟凤

毛笔，顾名思义，用马毛、羊毛等动物毫毛制作而成，十分常见。但用茅草制成的“毛”笔，你见过吗？500多年前，长居圭峰的明代大儒、理学泰斗陈献章（世称“白沙先生”），偶有一天忽见石头边有一片白茅草，便伸手想要摘一株，不想花了很大力气才折断。细看断口，有一束柔软而富有弹性的白毛，堪比白云羊毫、狼毫。于是白沙先生采上一把白茅草回家做成笔，饱蘸笔墨一挥而就，字迹铮铮铁骨、飞白生动，颇具阳刚之气，遂取名“茅龙笔”，并为其取了个拟人化的名字——“茅君”，还在诗中夸赞：“茅君稍用事，入手称神工。”

茅龙笔的创制，顺势开创了茅龙书法艺术，振动了书法界，影响至今。白沙先生留下来的茅龙书法作品20多件，都堪称“茅龙经典”，其代表作《慈元庙碑》（石刻行书）共600多字，笔势若腾蛟起凤、刚劲有力，流利与丰腴互陈，被誉为“岭南第一碑”，引得世人追捧模仿，茅龙笔也因此开始为更多人所知所用。

自茅龙笔创制以后，江门市蓬江区、新会会城一带逐渐开始生产茅龙笔。清朝康熙年间就出现了专门制作茅龙笔的店铺。清代至抗日战争前，茅龙笔得到长足发展，生产具有一定规模，笔市兴旺繁荣，当时有茅龙笔的专业户一条街（今新会区惠民路），俗称“笔街”。抗日战争期间，战火不断，民不聊生，百业俱废，制笔业更是凋零，茅龙笔生产几乎全部停顿。

1978年，新会工艺美术厂深入民间访寻挖掘茅龙笔传人，成立茅龙笔试制组，研制茅龙笔。17岁的高中毕业生张瑞亨，凭借深厚的绘画功底考进了工艺厂，由此接触到茅龙笔的制作，一做就是40多年。其间他不仅坚持用茅龙笔写字作画，更成立了一个制作茅龙笔的手工作坊。

进入21世纪以后，茅龙笔生产恢复较好，发展较快。随着茅龙笔的大量生产，茅龙笔对国内外的书法影响日益彰显。茅龙笔及茅龙书法在全国乃至日本、东南亚、澳大利亚都得到广泛的流传、推崇，誉满全球。

2006年，张瑞亨被广东省文化厅评为白沙茅龙笔代表性传承人。2017年，在当地政府部门的支持下，张瑞亨创建茅龙张工艺美术大师工作室，展示白沙茅龙笔的制作技艺，陈列茅龙笔书画作品。张瑞亨通过不断尝试改变茅龙笔的形式，研发适合楷书、隶书等五体书法以及适合国画的笔，让茅龙笔创作风格不再局限于一隅，挖掘茅龙笔更多的可能性。

张瑞亨介绍，茅龙笔传世数百年，制作工

艺也越发讲究，从山间无人问津的茅草，到文人墨客争相追捧的茅龙笔，其间需要经过十余道工序——采草、选料、剪除、锤扁、晒草、沉泡、刮青削草、扎笔排锋、刮锋、试水、披外层、上胶定型、修锋、装龙头等，方能成为一支茅龙笔成品。白沙茅龙笔制作过程全靠手工，慢工出细活。每一个步骤都做好，做出来的笔才足够坚韧。

漫步新会圭峰山，遥想当年白沙先生创制茅龙笔的景象，不禁折服于这位大儒通时合变的大智慧。彼时的白沙先生，在山泉清澈、树木苍郁的圭峰山间，看到漫山遍野茁壮生长的白茅草取之不尽、用之不竭，想必也是开心至极。

〉〉〉2009年入选市级非遗代表性项目

司徒浩毛笔：
"尖齐圆健"融一体　读书人争相追捧

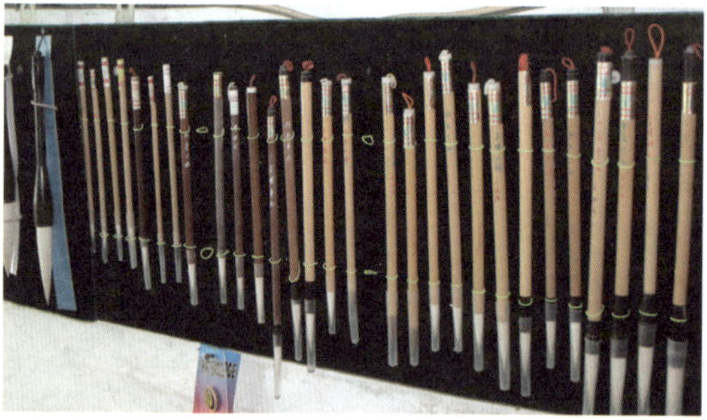

开平市赤坎镇有一项远近闻名的非物质文化遗产——司徒浩毛笔，因结实耐用、真材实料，于20世纪50年代在赤坎扬名。

民国时期，开平仅有一间广文林店专门制造毛笔。司徒浩当初从事制笔这一行当，是为生计所迫。他因家贫无法继续读书，家人便把他送进广文林当学徒。

抗日战争时期，广东省著名的制笔大师陈富元、何大珍等结伴来到赤坎，在广文林店暂住，司徒浩把握机会向两位大师学习。在两年多的时间里，他不但学会了制笔的各项工序，也学会了大师们制笔时一丝不苟的态度。掌握制笔的基本技术后，司徒浩开设了一间文明笔庄。

为了省时省力，当时一些笔庄往往采取流水作业，毛笔的质量很难保证。而每支司徒浩毛笔均由一个人单独完成，且每支笔需要经过齐、切、梳、摘等80多道工序才可制成。制作出来的毛笔集"尖""齐""圆""健"于一体，品质优良，耐用且不易脱毛。没多久，原本名不见经传的司徒浩毛笔便成为开平读书人追捧的对象。

随着时间的推移，司徒浩毛笔已是名声在外，卢有光曾赠他诗："齐健尖圆制作精，司徒造笔显真诚，双馨德艺人称赞，誉满画坛播远名。"由此可见其制笔技术之精湛，影响之深远，为中华民族留下了宝贵的文化遗产。

〉〉〉2012年入选省级非遗代表性项目

宫灯制作技艺（江门东艺宫灯制作技艺）：
宫灯点缀梦幻景致　流传海外传递祝福

在江门的街头巷尾、景区、广场，随处可见宫灯的踪影，各式宫灯由传统工艺与现代科技融合制成，为现代化的城市增添些许古典的韵味。古色古香的历史街区，有了宫灯的点缀，勾画出“接汉疑星落，依楼似月悬”的梦幻景致，五邑的夜空也变得诗情画意起来。

宫灯，顾名思义指宫廷里使用的灯，有八角、六角或四角形，骨架之间镶以绢纱和玻璃，绘上各种图案，配上精细复杂的装饰，雍容华贵。江门东艺宫灯制作技艺代表性传承人李仰东介绍，南宋灭亡后，皇宫里的艺人流落于江门、新会一带，他们常于元宵、中秋等节日悬挂花灯，以示怀念和祝愿，这一习俗和宫灯制作技艺自此流传开来。

20世纪60年代，东艺宫灯开始大量生产，在当时的香港电影中，时常能看到江门东艺宫灯的影子。江门地区的荷塘镇、潮莲镇，台山的汶川、海宴镇，香港的新界、屯门等渔村，依然保留着数百年历史的投圣灯筹款庙会，是团结乡亲及弘扬民族文化的盛会。

在李仰东位于长堤历史风貌街的工作室，推开偌大的彩绘玻璃窗，一路之隔的江门河潺潺流过。李仰东时常回忆起长辈们描述20世纪二三十年代这里是如何的繁华热闹：舟来楫往，人流如梭，宫灯从这里装船运往香港、澳门，再辗转到世界各地，伴随五邑华侨的足迹流传海外，成为华侨互相祝福的信物。

〉〉〉2009 年入选省级非遗代表性项目

金声狮鼓制作技艺：
狮鼓手艺口传心授　古法制作享誉世界

潭江东路，江水静静流淌。从沿街的路口向里走，便是开平市三埠街道新昌永富路，不少老字号从这里发迹。最著名的老字号，当属1888年创办的“金声”狮鼓店。

金声狮鼓制作技艺传承人胡沃镒，7岁便开始跟随父亲胡立民学做狮头和龙，16岁学做鼓。胡沃镒说，学做狮头全凭老一辈口传心授，需要自己一步一步耐心摸索。胡沃镒天赋过人，在一众兄弟姐妹中，唯独他能记全狮头的300多个尺寸，11岁便掌握了最难的“扎架”工序。即便如此，为了学全狮头制作技术，他潜心钻研、学习了10余年，直到20多岁才独立制作出第一个狮头。

金声狮鼓制作属于南狮流派，是一门独特的民间手工技艺，传到胡沃镒已是第四

代。狮头的制作工序包括扎架、裱纸、绘色、抹光油、安装等，最难的要数扎架，稍有偏差都难以成形或者影响质量。然后用广西马山纱纸、绸布、闪布（有几十种颜色）糊好狮头的白坯，接着是着色和图案描绘。色彩方面要鲜艳，多以黑白、红绿、金银等强烈明快的颜色相搭配。最后装配上头角、绒球、毛边等各种饰物。

金声狮鼓制作技术一向代代相传，工人每人只能学习其中的一个工序，以防有人另起炉灶。出师后数十年来，胡沃镒坚持以传统古法制作狮鼓，他做的狮鼓不仅在全省享有盛誉，还随着五邑侨胞的脚步被带到世界各地。

〉〉〉2022年入选市级非遗代表性项目

冈州古琴斫制技艺：
以前贤“九德”为基准 百道工序力求“四美”

新会有1600多年的历史，在隋唐时被称为冈州。新会历史上是古琴重镇，冈州古琴斫制技艺世代相传，积累了丰富经验。其斫制可分为琴胚制作、灰胎制作和上弦调音三大步骤，细分多达100多个工序。其斫制除了以前贤的“九德”（奇、古、透、静、润、圆、清、匀、芳）为基准外，还承载了儒家的理想人格和道家的自然精神，内涵丰富，意蕴深邃，尤其在琴铭、槽腹、灰漆等方面表现出个性，达到琴之“四美”（良质、善斫、妙指、正心）。

从选材、琴胚制作、灰胎制作、擦漆到配件制作，直到最后古琴成型，每道工序都浸透了斫琴师的心血、汗水和智慧。制作古琴需要学习多种手工技能，更需要有相关的琴学修养，理解古琴弹奏的细节要求，清楚古琴这一乐器在审美方面的独到之处，才可能造出好琴，因此历代杰出的斫琴师凤毛麟角。

古琴制作周期长、劳动强度大，对制作者的动手能力和内在修养要求高。为了更好地保护与传承该项目，新会区古琴文化研究会等保护单位积极与学校、文化馆、文体中心、总工会、侨联进行合作，通过开展古琴斫制与演奏的教学，让更多的人了解并参与传承冈州古琴文化。同时，相关保护单位也积极参加大型政府活动，如新会区第八届侨乡艺术节、香道文化节、华侨华人文化交流会等，借此展现古琴文化，经过多年来的不懈努力，收到了良好的社会效果。

〉〉〉2013 年入选省级非遗代表性项目

茶坑石雕刻技艺：
因石施艺巧夺天工　刀法奇特游龙惊鸿

在茶坑石雕刻技艺省级代表性传承人林志明的工作室，博古架上摆满了茶坑石雕，每件作品既有大自然的鬼斧神工，也有雕刻技艺的巧夺天工。其中以中国古代四大发明中的“活字印刷”和“造纸术”为灵感的茶坑石雕，是林志明颇为满意的作品：“两块石头出土以后，都有着独特的自然形态，一块有着竹简破土而出的元素，另一块则有很多像印章一样的小方块。我根据这两块石头的自然形态，用我们的工艺，创作出这两件作品。”

恩平茶坑石色彩斑斓，俏形俏色，纹理极其丰富。恩平茶坑石雕刻技艺是独特的恩平茶坑石石材与中国文房四宝文化相结合而产生的传统手工技艺，起源于清朝嘉庆

初年。雕刻时以茶坑石的纹理和色彩“因石施艺”，形成了其独特性，流传至今，已有200多年历史。

茶坑石雕刻的刀法融汇了南北石雕、玉雕的刀法，主要有铲、镂、戳等技法，还有角、刺、挑、磨等刀法。茶坑石雕刻的主要技法有片雕、镂雕、浮雕、磨刻等，其中片雕是半圆雕或立体雕，是恩平茶坑石雕刻技艺中最基本的技法，磨刻则是浮雕技法结合恩平茶坑石独特的材体逐渐衍生形成的。

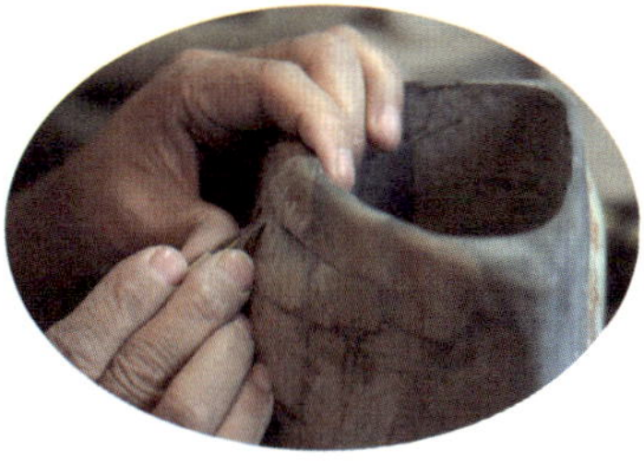

林志明和石头打交道30多年，钻研技艺之余，他还走入当地学校宣讲茶坑石的历史和文化价值，并将雕刻厂开放给学生参观。他还通过收学徒和招工形式，培养下一代茶坑石雕刻技艺传承人。

〉〉〉2021 年入选市级非遗代表性项目

江门蛋雕制作技艺：
蛋壳雕刻侨乡之美　《蓬江故事》栩栩如生

蛋，在中国的民俗中，具有丰富的含义。如民间在庆祝婚娶、祝贺寿辰、喜得贵子时，为图吉祥如意，就有赠送红鸡蛋的习俗。早在先秦时期，就出现了蛋雕的雏形。广东的蛋雕最早在潮汕出现，经过不断创新，逐渐形成了南派蛋雕的独特风格，进而在广东省内各地传播。

李发彬是南派蛋雕的第四代传人，他将蛋雕技艺与江门本土文化相结合，在脆弱的蛋壳上呈现了五邑侨乡之美。如其作品《蓬江故事》，以蛋雕技艺为依托，选取了蓬江区极富代表性的风景名胜、标志性建筑与名人为创作题材，人物形象及蓬江风光在他的雕琢下显得栩栩如生。

传统蛋雕在雕刻技艺上主要采用刮、划、刻、削、钻五种技法。江门蛋雕在线刻法、影雕法、镂空雕刻法等方面都有创新。江门蛋雕的制作工艺也有所优化：在镂空作品内侧加上一层硬化物质，进行加固，使其便于远程运输和保存；同时在每一件作品的外面涂上一层防氧化涂层，既能使作品有光泽，也延缓了作品氧化时间，利于作品长时间的留存。

值得一提的是，业界几乎所有人都是运用注射器掏蛋，而江门蛋雕采用吹耳球掏蛋，更加方便、快捷。传统蛋雕基本保留了蛋的形状，而江门蛋雕可以将蛋改造成球形、心形、橄榄形，制作成篮球、相框、车挂等作品，让蛋雕贴近生活，有利于普及和传承。

〉〉〉2021 年入选市级非遗代表性项目

外海生恭鲤鱼手工艺品：
舞动鲤鱼走门串户　好意头游进百姓家

在外海，清朝初年就有“生恭鲤鱼送祝福”的传统习俗。大年初一早上，孩子们身穿新衣，欢天喜地地舞动着手中的“鲤鱼”走家串户。每到一户人家，孩子们会顺着人家的院子、里外堂屋跑一圈，一边跑还要一边说“恭喜发财，合家平安，年年有余”。之后，主人家就给孩子们一人一封红包以示答谢。从大年初一直到初六的早上，孩子们都会举着那条“生恭鲤鱼”一家一家地拜访。

“生恭鲤鱼”，是外海人用竹片和红纸按照鲤鱼的形态扎制而成的一种手工艺品。肥壮的鲤鱼、金色的鳞片，象征着丰收和吉祥，因为“鱼”与“余”同音，也寓

意年年有余。

扎“鲤鱼”讲究圆正均匀肚子大。制作的时候，首先削好一根厚约5厘米、长约70厘米的竹枝作为整条“鲤鱼”的支柱，然后用工刀削出厚度均匀的竹篾，用来扎成“鲤鱼”的躯干骨架、鱼头、鱼尾，扎到每一个部位的交接处时，要用韧性较强的麻纸绑扎一番。

鱼架子扎好后就可以贴鱼身了，先用红纸剪出鱼鳃、鱼鳍、鱼肚、鱼尾等部位，把自制的生粉糨糊涂到纸面和鱼架子上，从鱼的肚子开始用红纸一点一点地贴，这时，鱼儿的雏形基本出来了。接着，把金粉用“火水”（煤油）兑好，再用毛笔蘸一下，在红纸上画出金灿灿的鱼鳞、鱼头、鱼尾等花纹，最后再画鱼眼和鲤鱼鱼嘴上独有的鱼须，一条活灵活现的“鲤鱼”就做出来了。

〉〉〉2009 年入选市级非遗代表性项目

台山冲蒌编织：竹丛催生编织能手　改良变身拳头产品

台山冲蒌地区的先民，绝大多数是南宋时为避战乱从中原南迁而来的。他们带来了农耕技术，也带来了内涵丰富的农耕文化，编织手工艺便是其中的一种。

冲蒌镇属亚热带气候，雨水充足，利于竹子生长，村前屋后到处生长着茂盛的竹丛，当地农民善于以竹子为原料，手工编织生产和生活用具。因为冲蒌人多地少，人们农闲时便以编织手艺的收入来弥补生计，涌现出一大批编织能手，编织出各式各样的实用产品，到近邻圩市出售。

20世纪70年代，民间编织技艺在冲蒌镇进一步推广，不少生产队办起编织厂，将手工编织列为集体经济的副业。出生于冲蒌镇南洲村的黎亮均、黎亮生兄弟，从担任村中编织厂负责人开始，一边精心开发新产品，一边钻研技术，不断扩大生产规模。

经过黎氏兄弟的努力钻研和不断开发，冲蒌编织从造型到编织工艺都更为讲究，力求实用性和观赏性的统一、传统风格和现代品位的统一，在实用的前提下体现中华民族手工艺特有的艺术价值。冲蒌编织不再局限于农耕生产、生活，使用范围变得更加广阔，产销与市场接轨，成为全镇出口创汇拳头产品。

冲蒌编织，传承了中华民族农耕文化的精华，体现民间手工艺与人类生存的密切关系，从中可以看到一个民族的前进轨迹，具有深远的历史价值。

〉〉〉2017 年入选市级非遗代表性项目

镇濠泥鸡制作技艺：泥鸡啼唱意喻平安　精巧工艺引商抢购

镇濠泥鸡的制作主要分布在开平市水口镇联竹村委会的镇濠村，距今已有200多年历史。

关于泥鸡制作的起源，有一个传说：200多年前，镇濠村中一只小公鸡的叫声，惊动了在村中偷盗东西的贼人，同时引起了村民的警觉，使村民避过一劫，盗贼把小公鸡掐死泄愤。后来村民为纪念小公鸡，便用泥土塑造小公鸡的形象，放在家中，以祈求平安。这个工艺代代相传，几经改进，越做越精巧，生意人争相采购，制作泥鸡便逐渐成了村里的传统工艺副业。

泥鸡的制作原料主要是泥。在年前挖泥，用木槌捣烂后，放进锡模压成鸡头、鸡尾两部分，晒干备用。鸡头部分有一横膜，中有小孔，留来插哨。闲时制竹哨，把小簕竹

裁成几分长一截，在一头斜削一刀，插进一小块叶片，吹响即成。入冬时插哨，再用牛皮纸把鸡头和鸡尾连接起来，着色涂油，便成成品。

泥鸡身上有两个气孔，一个在泥鸡的右眼，用嘴对尾部小孔一吹，泥鸡便引颈啼唱，声音和真鸡无异；另一个在泥鸡的屁股里，用右手拇指按住尾部小孔抖动，泥鸡便会发出如母鸡生蛋下窝时的咯咯声。工艺之巧，惟妙惟肖，又好看又好玩。

每到农历年关，来自鹤山、台山、恩平、新会等地的商贩们便前来采购泥鸡，作为年货销售。大年初一是鸡日，大量泥鸡上市，一时泥鸡啼声四起，既有祈求平安之意，又有“好世界”的好兆头，给人们带来喜悦与欢乐。

〉〉〉2021 年入选市级非遗代表性项目

金漆彩石镶嵌传统制作技艺：
旧时“燕京八绝”之一　造型别致古朴高雅

金漆彩石镶嵌是一种石雕、浮雕与花板雕刻相结合的技法，始于明朝，是源自宫廷的一种特种工艺，旧时被誉为“燕京八绝”之一。

1981年，祖籍开平三埠的余权荘从香港回到家乡开平投资创办开平长益工艺品厂。他从来自北京的金漆彩石镶嵌师傅那里学到这门技术，开始了金漆彩石镶嵌的制作。余权荘的妹妹余小婵随其打理工厂。1981年6月，李兆灿入职开平长益工艺品厂，跟随余权荘学习金漆彩石镶嵌制作。李兆灿、余小婵因这门传统手艺而结缘，结为夫妻，1986年前后，余权荘将工厂交由他们二人打理。

40多年来，李兆灿、余小婵夫妇制作的彩石镶嵌雕刻产品主要以大理石、玉石、螺钿、贝壳等为原材料，在上面雕刻中国传统文化中的各种人物形象，如福禄寿、八

仙、四大美人、五虎将、天兵天将等。

金漆彩石镶嵌产品选用天然中高档的玉石、宝石、彩石，天然的色彩和肌理给人一种古朴、高雅、纯净的感觉。工艺考究，要经过20多道制作工序。产品造型别致、细节丰富、线条多变、色彩鲜艳、层次分明、富于动感、生动逼真、构思精妙，从花纹、配色、造型上都具有吉祥如意、富贵长寿的寓意。同时，它可以抒情，可以述事，可以写意。尤其是大型连屏，用壁画式的构图进行史诗式的描述，大气磅礴，意境深远。

〉〉〉2019 年入选市级非遗代表性项目

玉石花盆景传统制作：
源自宫廷寓意吉祥　工匠巧思精雕细磨

玉石花盆景传统制作技艺，最早源自清代宫廷，距今已有数百年历史。每遇皇太后、皇帝庆寿以及皇帝大婚等事，大臣和各地官员都要进献玉石花盆景作为礼品。这些玉石花盆景的寓意、谐音大多象征着吉祥、福寿和太平等，成为清代宫廷文化不可或缺的一部分。

玉石花盆景是将各种玉料先分别制成花瓣、花叶的单个部件，然后经过打孔、抛光，组装成花树形状。玉石花盆景是一种高档的艺术品，在香港、澳门等地被称为半宝石盆景，在内地则被称为玉石花盆景。

玉石花盆景选料严格，选用上乘的红玛瑙、红水晶、紫水晶等纯天然宝石，再通过颜色搭配组合，攒制成不同造型、千姿百态的玉石花盆景。它们造型别致、色彩鲜艳、形象逼真、构思精妙，是一种稀有的艺术品。

昂贵的材料和精雕细磨的做工，使玉石花盆景传统制作技艺的传承者已是凤毛麟角。开平市水口镇红花砂山开发区舟辉工艺厂的周平辉、林妙珍夫妇，以工匠精神传承着玉石花盆景传统制作技艺，积极保护这项传统制作技艺，用自己的双手，耐心、细致地制造出一盆又一盆玉石花盆景，把中国工艺品和文化传递出去。

〉〉〉2021 年入选市级非遗代表性项目

台山玉石雕刻技艺（江海）：
玉雕大师云集江海　拓宽艺术表达空间

台山玉石雕刻技艺来源于著名的福建寿山石雕刻技艺。寿山石雕刻技艺始于南朝，经历了1500多年的传承发展。

20世纪90年代中期，一位潮州客商在台山市北陡镇那琴南端的散石湾，发现了一块块金黄色的石头，后来大家逐渐意识到这石头是个宝贝，于是全民大开发，发现了我国唯一的海中玉——台山玉石。

因地缘、人缘等因素，以林文乐大师为代表的一批福建寿山石雕刻技艺的能工巧匠，迁移到江门市江海区等地。在江门，林文乐等人以台山玉石为雕刻新材料，开拓了寿山石雕刻技艺的一片新天地。

林文乐等人经过近20年的探索、实践，形成了与寿山石雕刻技艺不完全一样的台

山玉石雕刻技艺。台山玉石的“质、色、形、皮”特点优势，为雕刻师提供了很大的艺术表达空间。其雕刻技法有：浮雕、圆雕、镂空雕、薄意雕、链雕、镶嵌雕等。尤其是浮雕和薄意雕，特别适合台山玉石的材质。

台山玉石雕刻技艺是外地（福建寿山石雕）优秀传统文化与江门侨乡本土文化相融合的成功典范。江海区作为国家高新区，为台山玉石雕刻技艺的传承发展创造了很好的平台。位于江海区亨通工业园区的江门市台山玉石协会大师云集，是江门五邑地区成立最早、传承人群最广、作品获国家级奖项最多的台山玉石雕刻技艺传承和保护的民间组织。

〉〉〉2021 年入选市级非遗代表性项目

台山玉石雕刻技艺（台山）：玉石雕刻界新宠儿　造型轻巧风格清雅

台山玉石历史悠久。清光绪年间的《新宁县志》记载：“鸡笼山，在县西南五十里。峭壁摩天，飞瀑直泻，山下四周深涧。产异石，红者如玛瑙，白者如水晶，黄者如栗尤佳……光如琥珀，名曰蜡石。”

20世纪90年代，大量“蜡石”在那琴被发现；2016年，广东省地方标准《台山玉》出台，从成分、成因上将蜡石分为台山玉和黄蜡石；2018年，国家标准《石英质玉　分类与定名》实施。台山玉成为广东省唯一被列入国家标准的珍贵玉石品种，是迄今为止国内发现的唯一海料玉石，堪称“广东第一美玉”。

台山玉具有和田玉的质地、翡翠的硬度和田黄的色泽，既可用于观赏，也是难得的玉雕创作材料。黄蜡石虽质地稍逊，但同样适合雕刻。大家习惯将台山玉雕刻技艺

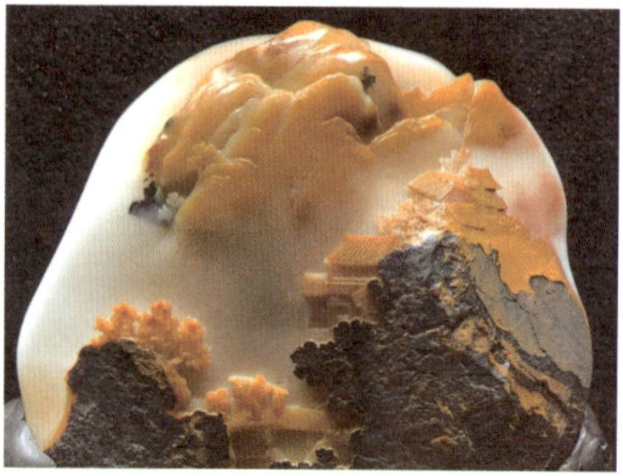

和黄蜡石雕刻技艺统称为台山玉石雕刻技艺。

明清时期，台山玉石曾被制作成鼻烟壶和玉扳指进贡朝廷，新会博物馆藏有实物。台山玉石雕刻技艺在民间流传、发展，初时以南派技艺为主，后博采众长，逐渐形成自成体系的玉石雕刻技艺，追求“质、色、型、材、艺、韵”，具备造型轻巧、风格清雅等特点。

近年来，台山玉石成为雕刻界新宠，台山也涌现出20多家工作室，形成较完整的产业链。在全国性大赛中，台山玉石雕刻作品屡获殊荣，其中不乏台山玉石雕刻技艺传承人的作品。

〉〉〉2021 年入选市级非遗代表性项目

马冈竹器：竹木变身家居用品　工艺精致出口海外

开平市西部马冈镇有一条闻名遐迩的“竹器村”——荣塘村。这里属丘陵地带，竹木繁茂，300多年前，荣塘村的先民们来到这里开发居住，就地取材，开始进行竹器编织。到了康熙初年，这里形成了一个逢农历三、八（即农历每月初三、初八、十三、十八、二十三、二十八）赶集的马冈圩。鼎盛时期，四邻八乡的来客超过万人。

荣塘村的竹器编织工艺精致，深受客户的青睐。竹器编织制品有竹箩、竹篮、竹箕、竹碗、竹碟等家居用品，品种繁多，工艺精致，工序复杂。竹器编织可分为选竹、开竹、开片、开篾、晒干、浸水、编织、上色等多个工序，而每个工序又视所制作的器具大小、精粗而定出开篾的大小、厚薄，根据产品不同而有所不同。有的竹器用品编织完成后，还有上油、上色的工序，使色彩更为鲜艳夺目。

20世纪70年代，江门市工艺品进出口公司在开平市马冈镇设立了一个竹制品收购

站，收购附近民众编制的竹器品，出口到中国香港、澳门等地区和美国等国家，把荣塘村的竹器制品生产推上了顶峰。

马冈竹器作为开平本土的传统手工技艺项目，体现了马冈人利用自然条件的聪明才智，数百年来，竹器用品用具在一代又一代人的生活中占据着重要的位置。今天，不少竹器用品，如装谷用的谷箩等，仍在人们的生活当中扮演着重要角色。

〉〉〉2022 年入选市级非遗代表性项目

鹤山狮头制作技艺：造型独特不怒而威 线条豪放刚劲有力

鹤山狮头扎制是鹤山古老的传统手工技艺，始创于清光绪年间。冯庚长创立的鹤山醒狮，与佛山醒狮成为代表南国醒狮的两大流派，被公认为“广东狮王”。

相传鹤山狮头是冯庚长根据猫头形象创作的，外形长而高大，狮头顶为拳角，以青、黄色为主色调，有青鼻、“企眼”、鲤鱼额、蓬花座、莲蓬眼顶、猫须面、烂耳兜风、五蝠背等特有造型。另外，鹤山狮的嘴型是最独特的，嘴突出如青蛙嘴状（俗称蛤乸嘴），因此内行人又称之为“蛤乸嘴狮”。在传统的装饰上有“刘备狮”“关羽狮”“张飞狮”之分，使醒狮的形态不怒而威。

鹤山狮头的制作，分为扎、扑、画、装四大工序。先用竹篾、纱纸为主料扎出狮胚；再用纱纸、纱绸为原料扑狮，一般里外盖三层纱纸，中间夹以纱绸把狮胚糊起

来；用油彩上色，勾画花纹；最后组装时，要用可活动的连接装置把下巴、睫毛和耳朵装上，以便这些部位能自由开合。其中，属扎框和花纹描绘最难，很考验制作人的眼力、手艺熟练程度和实践经验。

鹤山狮头的图案纹样和线条粗犷豪放、刚劲有力、灵活多变、紧凑生动，富有装饰美的效果；鹤山狮头的色彩层次分明、明快强烈，巧妙地表现了狮头拟人化脸谱的艺术形象。

〉〉〉2022 年入选市级非遗代表性项目

刘氏铜木镶嵌传统制作技艺：
铜与木的完美结合　铜纹清晰雕工精细

江海区刘氏家族铜木镶嵌传统制作技艺，是从优秀的古典红木家具文化中发展出来的传统手工技艺。新会是全国最重要的家具制作地，明清时期，全国各地能工巧匠纷纷来到新会，把江门的铜木镶嵌技艺推向新高度。

据《刘氏通修族谱》记载，刘氏铜木镶嵌技艺源于1876年高祖父刘克义，此后刘氏家族历代从事木匠工作，进行铜木镶嵌制作。1949年之前，刘氏传人迁居到新会；1993年，第五代传人刘飞兵定居新会；2000年和2003年，刘飞兵分别在新会和外海开办工厂，把铜木镶嵌技艺在当地发扬光大。

刘氏铜木镶嵌技艺在中国家具和铜五金行业享有非常高的地位，是江门地区铜木镶嵌技艺的代表，具有选材精良、铜饰纹理清晰、雕工精雕细琢、安全牢固等特点，富有浓郁的地方文化气息。刘氏铜木镶嵌技艺又分为铜木镶嵌和铜木结合两种技艺。

铜木镶嵌传统制作技艺，包括铜饰和镶嵌两部分。铜饰须经纹理设计、选材、铜雕等几十道手工制作；镶嵌时铜与木头的镶嵌位置是否达到黄金比例决定了家具的成败。此外，还要考虑木头收缩、镶嵌的深度，须精准把握力度。

铜木结合技艺，是铜木镶嵌技艺的大胆创新。家具部分以铜为结构，线条简约流畅，保留了明式家具的传统艺术，又符合现代低调奢华的审美，是艺术与文化、铜与木的完美结合。

〉〉〉2022 年入选县（市、区）级非遗代表性项目

白沙铜艺制作技艺：民间能手自创自制　精巧铜艺趣味十足

白沙铜艺制作技艺出自民间工业能手家庭，自创自制，独具特色。20世纪50年代，梁鸿禧的父亲（江门第一代电工师傅、八级工）在工作中与铜结下不解之缘，开始用铜的边角料制作汤匙、漏勺和玩具铜蝉、铜蜻蜓等。

梁鸿禧从小耳濡目染，对铜艺渐渐产生兴趣，借鉴了其他艺术表现手法的精髓，自创出拼接、镶嵌、铜刻等工艺技法。退休后的梁鸿禧成了蓬江区一名民间工艺家，日常看见有趣的玩意便用铜把它们制作出来，如铜虾、铜螳螂、铜蜻蜓、金蝉玉叶、铜龙虾、铜刻剪纸等。

〉〉〉2017 年入选县（市、区）级非遗代表性项目

潮连铜虾制作技艺：齐白石画作赋灵感　铜虾精致栩栩如生

蓬江潮连芝山人潘陆生于20世纪30年代，受祖辈熏陶，擅长用葵叶制作鸟、蝉、虾等手工艺制品。20世纪50年代，潘陆从齐白石的画作《虾》中得到灵感，发现用铜来制作虾更能表现虾的骨感和动感。经反复实验，他终于用铜片、铜丝成功制作出第一对铜虾，此后便潜心于铜虾的手工制作。

潮连铜虾工艺精细考究，造型独特，栩栩如生，观之赏心悦目，生动有趣，颇具观赏价值和收藏价值。潘陆的《碧波群虾》《大龙虾》《戏虾》《秋蝉共鸣》等代表作屡获殊荣，成为具有潮连地域特色的非物质文化遗产。

〉〉〉2017 年入选县（市、区）级非遗代表性项目

靖村竹编技艺：篾随手转、手带篾行　一根篾片织成器物

篾随手转、手带篾行，手艺人精心编织出了一个个竹篮、竹篓、竹帽……这便是鹤山市宅梧镇靖村竹编技艺。

老竹耐用，嫩竹易编，一般生长了三四年且长得茂盛的竹子才适合编织。锯、切、剖……开篾工序繁多，切剖时对宽度和厚度也有十分高的要求。而编织是最难的环节，力度控制要细致，才能把控好器物的外形。且竹子的韧性有限，还要防止因力度过大而断裂，因为编织需要一根篾片用到底，所以一旦断开就要重来。

一个耐用、美观的靖村竹编制品，制作时间长，对手艺的要求很高，不仅有较高的经济价值、艺术价值和环保价值，更凝聚着民间的智慧。

〉〉〉2021 年入选市级非遗代表性项目

传统铸剑技艺：
铁匠怀揣英雄梦　潜心造出“倚天剑”

剑是传统战争中常用的冷兵器，因此铸剑技术在中国古代就相当成熟。清朝中叶，湖南省岳阳县鹿角镇靠洞庭湖的区域，是一个铸剑基地，造就了大批铸剑人才。江门的铸剑技艺，就来自岳阳传统铸剑技艺第五代传承人陈再荣。他所研制的铸剑，已经成为享有盛誉的工艺品。

出生于湖南岳阳的陈再荣从小就有一个“英雄梦”。他酷爱阅读武侠小说，听老人家讲《三国》、《水浒》、岳飞抗金的故事，看老家铸铁匠人工作。在这样的环境熏陶下，他对刀剑有着独特的感情。陈再荣16岁时就开始向岳阳最出名的铁匠学习打铁，20岁就成了当地小有名气的铁匠。

2001年，陈再荣带着一身过硬的锻铁技艺南下广东江门创业。2005年，陈再荣移居台山，在台城开了一间铁艺店。他潜心钻研铸剑技艺，经过反复研制和多次试验，终于打造出了一把甚为满意的宝剑——“倚天剑”。

传统铸剑技术有选料、制坯、打样、锻打合金成型、修磨、戗、锉、淬火、刨光、做鞘柄、组装等数十多道工序，每一道工序必须心手俱到，一丝不苟。

在铸剑过程中，陈再荣发现用北峰山饱含矿物质的泉水淬火能增加金属的硬度和强度，令剑身如冰清脆，似玉温润，威力更大。近二十年来，陈再荣一直在台山坚守着这一古老技艺，积极开展传承工作，创作了“停心”“唐刀”等一批优秀的作品，获国家级专家、海内外文化名人的肯定与赞扬。

〉〉〉2022 年入选市级非遗代表性项目

黄氏传统锻刀技艺：古法工艺繁复　锻造顶级刀具

黄氏传统锻刀技艺是一项流传于台山市白沙镇田心村的古老传统技艺。白沙镇百足山有得天独厚的地理条件和丰富的矿物资源，是保证白沙黄氏锻刀顶级性能的必要条件。

据传，在清朝中叶，黄氏族人特别崇尚武艺，并且自制传统武术器械。至20世纪80年代，黄氏传统手工刀具、农具制作规模和技术达到了巅峰，产品向邻近市镇出售。

黄氏传统锻刀技艺采用繁复的古法工艺，先设计好刀的形状、尺寸和重量，再根据设计开届钢料、泥烧钢坯、折叠花纹，然后夹锻刀胚、修型、反复冷锻、热处理、调直，最后开刃、显纹研磨、抛光、装柄等，经过这30多道工序，最终成品。黄氏传统锻刀技艺有着三个最为突出的工艺特点。

一是泥烧工艺的泥采用白沙镇特有的瓷质粘土，草纸封裹后，钢坯入炉，不易氧化脱碳；同时采用百足山上出产的高热量无烟精煤，可以确保快速升温。

二是采用百足山出产的刃艳石进行研磨。这种灰色砥石粘质奇好，起浆超快，切削力强，饱含矿物质和微量元素。经它研磨及果汁的酸洗后，刀能真正表现出锻造产生的地肌纹理，以及覆土时形成的烧刃纹，使刀刃极其鲜艳华丽。

三是采用双液淬火工艺。将本地的黄泥用正坑水反复淘洗成泥浆，进行第一次淬火，然后马上放入猪油里进行第二次淬火，这样就保证了刀具的高硬度，不变形不开裂。

〉〉〉2009 年入选省级非遗代表性项目

广式硬木家具制作技艺（台山大江传统家具制作技艺）：
创新改良传统家具　相关技艺推广全国

20世纪二三十年代，家境殷实的华侨及其眷属钟爱明清家具，纷纷大量购置。至70年代末，精明的台山大江人发现了收藏传统家具的巨大市场潜力，他们奔走周边乡镇收购各类古旧家具。从收购翻新到高度仿古制作，通过对传统家具的深入研究，创新并改良设计，制造出了与众不同、颇具神韵的作品。

台山大江传统家具的特点，要从郑和下西洋说起：台山大江的公益古埠是其中一个停靠点，东南亚大量名贵硬木材料在此上岸，决定了大江传统家具工艺特色和用料风格；清朝时，在频繁的中西贸易和文化交流中，大江传统家具形制和功能

也随着人们生活方式的变迁而创新；当代台山大江传统家具提炼出“型、艺、材、韵”等独特的创作理念，成为广式家具的典型代表，更被全国传统家具行业引用为行业标准。

台山大江传统家具还有不少鲜为人知的“威风史”：清朝时大量广式家具进贡，并对京作和苏作家具造成了冲击；改革开放初期，全国大量工匠在台山学习家具修复和制作，后将相关技艺推广至全国其他硬木基地。

2008年1月，大江镇被命名为“中国传统家具专业名镇”。如今大江镇传统硬木家具企业有百余家，有300多骨干人员，同时形成了民间、学校、文化场馆、收藏家等组成的设计、生产、培训体系体系。得益于“中国第一侨乡”的地理和历史优势，大江传统家具远销几十个国家和地区，闻名海内外。

〉〉〉2009年入选省级非遗代表性项目

广式硬木家具制作技艺（新会古典家具制作技艺）：承袭明清“广作”艺术　不用一钉严丝合缝

新会是当今中国古典家具产销集聚地和发源地之一，产品远销各地，在业内知名度高，工艺水平极具代表性，生产规模最大，加工户数人数最多。新会古典家具继承了明清家具中的“广作”艺术传统，与“京作”“苏作”各领风骚。

20世纪七八十年代，不少新会人蹬着三轮车走街串巷，干起收购、拆装古旧家具的营生，土生土长的会城人李泽添也是其中之一。这些老家具虽年代久远，却依然严丝合缝、十分牢固，且不用一钉，将榫卯结构运用到了极致，令李泽添钦佩不已，由此对古典家具产生了浓厚的兴趣。

这些收购回来的老家具的历史，短则几十年，长则上百年或几百年，难免出现

腿脚断裂、雕花磨损的情况。"当时请不起工人，我们就自己摸索，通过交流、学习，慢慢掌握了古典家具的制作技艺。"

新会古典家具运用了雕、嵌、描绘和剔彩等手法，技艺高超精湛，装饰富丽堂皇。在李泽添制作的《清明上河图》木浮雕中，大到亭台楼阁，小到花草鸟雀，远到汴京郊外、近及摊贩，都形神俱备，凸显了新会古典家具制作技艺中高超的雕刻技术。

在家具行业浸润20年的李泽添，成为新会区古典家具制作技艺省级非遗传承人。至今他坚持每年招收徒弟、手工做两件古典家具，并走进院校向年轻一代传播古典家具文化。

〉〉〉2017 年入选市级非遗代表性项目

卢艺鹿角椅制作技艺：
鹿角拼接根根到位 具有奇特点穴妙用

在蓬江潮连，有一款椅子，连清朝的乾隆皇帝都是它的忠实粉丝，这便是鹿角椅，选用马鹿角和名贵木材制作而成，它的妙处在于鹿角拼接根根到位，具有奇特的点穴功能。

据史料记载，后金皇太极天聪五年（1631年），皇太极与侍卫亲兵正驻扎大凌河，忽然一只大鹿直接奔入御营大帐。皇太极率左右亲兵将大鹿砍杀。随后，皇太极将此大鹿之角当作吉祥之物带回盛京（今沈阳），命工匠制成鹿角椅，以兆吉祥。

当时在盛京有一个木匠卢荣公，他偷师学艺习得了鹿角椅的制作方法。他不敢仿制完整的鹿角椅，而是制作八仙桌、小板凳等，但仍被人举报。卢荣公说，皇上的恩威不敢忘，每天见到一点点的鹿角都好像当面听到了皇上的圣谕。于是皇太极没有再追究，卢家的制作技艺也渐显特色并得到坊间认可，被业内称为“卢艺”。

后来，卢氏家族的后人移居到了江门潮连，鹿角椅的制作也就成了江门的一门特色技艺。潮连卢氏第四代传承人卢志江、卢志明传承并拓展了技艺，改良剔角传统工具，发明勾榫加固防损技术，融入现代设计理念，将鹿角椅制作技艺发展到一个新的技术层面。经过数代传承人的改良和完善，逐渐形成了卢艺鹿角椅制作技艺。

鹿角椅体现了满族游牧民族豪爽粗犷的气质，它与源于汉文化、具有文人气质的明式圈椅有着明显的区别，对于研究满汉两种文化如何交融结合具有很高的价值。

〉〉〉2019年入选市级非遗代表性项目

礼乐梁氏传统木雕制作技艺：
传承汉族木雕技艺　实用性观赏性俱佳

梁氏传统木雕技艺起源于1891年，至今已有100多年的历史，是江门地区木雕制作历史的缩影。

江海区礼乐梁氏祖先原系浙江钱塘县人，南宋淳祐七年（1247年），朝廷从各地征用能工巧匠建造宫殿，梁氏祖先梁可用等一批工匠被征为御用工匠，专门从事古建筑木雕、御用家具和生活用木雕雕饰工作。宋南渡时梁可用徙居新会，以木作为生，木雕手艺代代相传。

梁氏木雕技艺包括工艺木雕和艺术木雕两大类。工艺木雕有佛像、雕塑、彩绘与传统贴金箔等工艺，富含实用性和观赏性。艺术木雕有根雕，如用树根制作的人物、花鸟虫鱼、飞禽走兽、山水树木等。梁氏木雕一般选用质地坚韧细密、不易变形、不易虫蛀的树种，结合传统手艺圆雕、浮雕、镂雕与梁氏技法，经手工打凿粗坯、锯木坯、手铲修光、细磨、抛光等工序完成。

梁氏木雕技艺具有造型凝练、刀法熟练流畅、线条清晰明快的工艺特点。用樟木雕刻的佛像经过打磨上漆、彩绘、贴金箔等工艺制作后，作品展现出强烈的艺术效果和深厚文化内涵。

梁氏传统木雕传承了中国汉族传统木雕制作技艺，经数代人的反复实践与创新改造，吸取了石雕、泥塑、绘画等民间艺术的众多长处，融会贯通成独特的木雕风格，在题材、刀法、造型、美学等方面都具有特色。

礼乐梁氏传统木雕制作技艺

〉〉〉2021 年入选市级非遗代表性项目

明式圈椅制作技艺：
继承明代经典椅式　历史现代巧妙融合

圈椅，又称太师椅，源于南宋，是中式家具中款式最经典、应用最广泛、市场反响最好的古典家具之一。

新会历史悠久，文化底蕴深厚，民间使用、收藏、维修、翻新明清家具由来已久。随着人们对传统家具文化认识的深入、生活水平的提高，新的家具制作行业——仿造明清家具行业出现，明式圈椅制作技艺也随之发展壮大。

明式圈椅继承明代经典椅式，圈椅上圆下方，寓意天地乾坤，以造型古朴典雅、线条简洁流畅、雕花简约细腻、结构端庄稳重著称。明式椅圈制作选用弧形圆材，腿足与面上立柱采用素光圆柱，后椅腿一木到地，上承椅圈。椅圈由弧形靠背圈与弓形月牙扶手圈攒接成形，前腿与后腿立柱和鹅脖接合固定在椅座之上。

明式圈椅靠背板呈“S”或“C”形曲线，前腿上方两旁出云牙线，正中浅雕或透雕图案装饰。后立柱与鹅脖之间设猪尾状联帮棍。椅座抹头、大边框架嵌芯板，芯板呈凹状。抹头与大边下装券口牙子，四条椅腿脚之间装管脚枨。圈椅大多采用光素手法，只在背板正中浮雕一组简单的纹饰或透空，制作工艺包括设计、放样、开料、雕刻、组装、打磨、抛光（上漆）、包装等。

明式圈椅制作工艺既保留了明式家具的风格与韵味，又根据现代人的需求加入时代元素，是历史与现代的融合，是新会古典家具中“广作”传统工艺的杰出代表作。

〉〉〉2018 年入选县（市、区）级非遗代表性项目

南官帽椅制作技艺：
榫卯精密造型端庄　明式家具典型代表

官帽椅因其造型酷似古代官帽而得名，分南官帽椅和四出头官帽椅两种。南官帽椅出现于晚明，由南方的木工匠对四出头官帽椅改良制作而成。南官帽椅又称文椅，以扶手前端和搭脑两端不出头而向下弯扣其直交的枨子为特征，是明式家具的典型代表之一。

南官帽椅榫卯精密，连接牢固，造型优雅简洁，端庄大气，是中国古典家具的精髓，是扶手椅中的经典。新会是当今中国古典家具主要制作基地之一，制作上融会贯通了“广作”的精髓与新会的人文气息，形成新会古典家具制作形式与技法，南官帽椅制作技艺是最杰出的代表之一。

〉〉〉2018 年入选县（市、区）级非遗代表性项目

五足内卷圆香几制作技艺：
通体圆润不失柔美　构造厚重富有张力

五足内卷圆香几制作技艺历史悠久，主要传承于新会区一带，几面攒框装板，起扁平柔软的“拦水线”。打洼束腰底端微翘，“洼膛肚”牙板高高膨起，边缘起阳线，顺足而下，贯通一气。腿子自肩部以下向外鼓出，直至下端，始向内卷转呈半球状，落在托泥之上。

著名学者王世襄曾评述：“整器造型仿佛是一枚大木瓜，和常见的三弯腿香几大异，尚未见二例。”香几通体浑厚圆润、柔美儒雅，给人胸怀博大、憨厚谦逊的感受。

〉〉〉2018 年入选县（市、区）级非遗代表性项目

镶理石五围屏宝座制作技艺：
一座制成历时三年　纹理天然旷古无两

镶理石五围屏宝座是新会古典家具的优秀代表之一，由制图、选料、放样、打胚、试装、雕花、镶嵌、合成、打磨到成品，须历时三年之久。

镶理石五围屏宝座为仿明式座椅，用大红酸枝、云南大理石制作。其中围屏栏板镶嵌大理石块，利用大理石的天然纹理构成形态各异的优美图案，如山水、云海，且正面栏板与两侧栏板嵌石花纹相互衔接，形成一幅完整的画面，体现人与自然的和谐。

镶理石五围屏宝座一木做成，制作传统，线条简约，工艺精湛，镶石讲究，构图唯一，不可复制，予人联想，实用、观赏、收藏价值极高。

〉〉〉2018 年入选县（市、区）级非遗代表性项目

云龙宝座制作技艺：
宝座三围云龙环绕　形神逼真气韵生动

新会云龙宝座采用印度小叶紫檀上等木材制作而成。宝座三围雕有九条形态各异的云龙纹，下座束腰，压线，三弯腿带托泥刻云龙纹，上座靠背与扶手枋出回纹线贯串其中。整体雕工精美，刀法细密，圆润深厚，龙纹栩栩如生，云纹舒卷灵动，形神逼真，气韵生动；造型古朴大气，端庄雄伟。

云龙宝座除坐板外，通体满雕，几无留白，雕工繁缛，费时费工，须经设计、制图、放样、榫卯、雕刻、组装、打磨、上蜡（或生漆）等多重制作工序。云龙宝座吸收了新会古典家具制作技艺的精华，是新会古典家具中的佼佼者。

〉〉〉2018 年入选县（市、区）级非遗代表性项目

清式屏风制作技艺：屏风仿清用材名贵　古朴典雅寓意吉祥

新会屏风以仿清式制作为主，是新会古典家具中具有代表性的杰出作品之一。其中《黄花梨清式九龙座屏》曾获“中国工艺美术文化创意奖”金奖。

清式屏风以传统工艺手工制作，工艺精湛、讲究，用材以上等名贵硬木为主，须经构思制图、材质选择、烘干处理、裁料制模、开榫凿卯、拼装调试、分拆雕刻、镶嵌合成等十多道工序。采用浮雕、透雕、浮雕与透雕相结合的雕刻技法，饰以云龙、花鸟、山水、梅兰竹菊、人物故事等寓意吉祥的图案。作品美观大方、古朴典雅，极具装饰、观赏、收藏与实用价值。

〉〉〉2008 年入选县（市、区）级非遗代表性项目

石屋建造技艺：石墙砌垒历史悠久　古朴美观风格独特

在恩平，无论是山上、河岸、旱地、蒗地都满是石头，当地的这种石头被叫作炒米石或河蒗石，色白或灰，表面粗糙，质硬，大小适合砌墙之用。在恩平市那吉镇石头村、良皮村等地还保留着用这些石头砌成的石屋，形成一道独特的风景。

因为建筑工具简陋、粘料简单，建造者们为了把大小不一、形状各异的石头砌成厚达40厘米、高2米左右的墙体，不断探索和改进，形成了一套实用而独特的石墙砌垒技术。

石屋建造技艺与当地人民的生活息息相关，它不仅历史悠久、风格独特，而且是劳动人民智慧的结晶。

〉〉〉2015 年入选省级非遗代表性项目

灰塑（开平灰塑）：
中西合璧绚烂独特　记录百年时代变迁

在碉楼之乡开平，不论是城区还是乡村，随处可见古楼旧居的墙檐、屋脊上，雕刻着一种岭南传统建筑装饰，栩栩如生，引人注目。不仅有瑞狮戏球、双凤朝阳等寓意吉祥的传统文化图案，还有中西结合的巴洛克风格山花图案，以及当时的新兴事物火车、轮船等。这便是开平灰塑，虽历经百年风霜，却依然美观悦目。

开平灰塑以草根灰为材料，以瓦筒、铜线为支撑物，将各类图案雕于建筑外墙的墙檐、门楣、窗楣和屋脊上，干结后形成具有立体浮雕效果的装饰物，分为平雕和立雕两种表现手法。

开平灰塑起源于明清时期，首先出现在建筑讲究的庙宇、门楼和祠堂上，后鼎

盛于20世纪初。当时华侨回流，带回了新的建筑材料与建筑思想，开平建筑开始注重形式变化与美感创造。灰塑因其工艺精湛、内涵丰富、耐久保存，深受侨乡人民喜爱，成为开平建筑碉楼和房屋的必备装饰，迎来了发展的春天。同时华侨将当时国外时兴的事物、文化带回家乡，也让西方的元素融入了开平灰塑艺术。

开平灰塑的图案内涵丰富、风格独特，不仅反映了人们对美好生活的追求与祈求吉祥的愿景，更记录了时代的变迁。20世纪初，开平碉楼与村落在申报世界文化遗产时，碉楼中的灰塑工艺被联合国申遗专家大为赞赏，认为极具侨乡韵味。绚烂独特的灰塑对于形态各异的开平碉楼而言，是不可或缺的一部分。

〉〉〉2022 年入选市级非遗代表性项目

紫丹苏陶制作技艺：
手工制作龙窑柴烧　质感厚重造型洒脱

鹤山境内目前最古老的窑址是唐代窑址，一共有四处，包括凤冈窑址、宏冈窑址、大涌口窑址、西头冈窑址。宋代金人南侵，中原人把北方的汉族陶瓷工艺带到珠三角，提高了珠三角陶器制造水平与艺术水准。多年来，一批批佛山人来到鹤山安家落户，促使多元文化兼容并存与互相渗透，促进了地域文化的新发展，当中包括新居民中的能工巧匠带来的传统工艺——紫丹苏陶制作工艺。

鹤山紫丹苏陶制作工艺区级传承人苏洛其，出生于陶艺世家，为苏氏制陶（苏陶）第五代传人。苏氏的祖先自19世纪中叶起在佛山石湾镇以制陶为生，20世纪初，苏家为寻找最适合的陶土，从佛山寻至鹤山，在鹤山鹤城南洞楼背佛爷顶发现陶土后，在此安居，开展手工制陶。

紫丹苏陶采用纯手工制作，使用传统龙窑柴烧。经1260摄氏度以上的高温煅烧而成的紫丹苏陶，会发生各种不同程度的窑变。紫丹苏陶未经抛光，不像瓷器般光滑，陶艺大师用双手赋予了紫丹苏陶不一样的形态，加上陶器所用材料特有的粗粝手感和厚重质感，使紫丹苏陶造型随意洒脱、质朴自然、内敛含蓄。

紫丹苏陶具有优良的透气性，吸附能力强，储存液体时有保鲜的作用，盛放茶可软化水质，盛放酒可使酒更加醇香。紫丹苏陶艺术价值和实用价值俱全，多年来得到省、市专家的认可，获得了一系列殊荣，作品《荷韵》更是荣获粤文杯广东民间工艺博览会银奖。

〉〉〉2021 年入选县（市、区）级非遗代表性项目

开平木雕：源远流长工序繁多　极具岭南独特风味

在开平学宫、风采堂、立园，以及开平碉楼、祠堂或民居中，都能看到岭南味十足的木雕艺术作品，这便是开平木雕，是广东民间雕刻艺术的重要组成部分。

开平木雕源远流长，盛行于明末清初。风格上层次分明、对称均匀、充实丰满，形象多凝重、粗犷、豪放，广泛应用在建筑装饰、实用器具和陈设品等领域。

经过长期的艺术实践，开平木雕工艺形成了一套独特的雕刻技法，包括浮雕、圆雕、镂雕等。其工序繁多，最考验技术的是手工木雕制作的核心阶段，经过凿、剔、刻、剜、磨，细细雕琢，才能制成作品。

〉〉〉2020 年入选县（市、区）级非遗代表性项目

台山红毛泥雕艺：
古韵现代相映成趣　色彩鲜艳“修旧如旧”

“红毛泥雕艺”是台山地区20世纪初的文化艺术产物，由民间灰雕工艺结合西洋雕塑艺术演变而成，本土艺术风格浓郁，色彩鲜艳夺目，百看不厌。

台山红毛泥雕塑选用上等的“红毛泥”（水泥）为主料，以当地细腻的黄泥作副料，调入适量木薯粉，混入麻丝纤维，选用当地的黄竹仔开丝或钢筋与铁丝进行造型，涂抹上木薯粉、石粉混合矿物质颜料，无数次堆叠修整绘画，最后用土制蓖麻籽油上光。

红毛泥雕艺自诞生那一刻起，就携带着华侨文化基因。其“修旧如旧”的特点使其适合用来修复古建筑，守护台山侨乡的古建筑文化。

〉〉〉2019 年入选市级非遗代表性项目

马氏中医推拿按摩：
一按一揉一捏一拿 “国医”手法疏经通络

马氏中医推拿按摩起源于顺治年间，为台山市的地方传统医学。岭南地区山间寒湿、劳作伤身，引发各种关节疾痛。马氏中医推拿手法创始人马持纪为缓解村民疾痛，不断摸索，自创独特的按摩手法，结合中草药辅助治疗，疗效明显，成为当地家喻户晓的民间名医，乡亲纷纷慕名前来求医。此后，马氏中医推拿按摩以家族形式历代传承，渐渐获得了官方的认可：在清朝，马氏家族的按摩师都领着朝廷俸禄；在民国，也有官方赠予的“国医”牌匾。

马氏后人经过几十年的教学与临床验证，在传承推拿按摩四大基本手法的基础上，结合指掌拳手部变化，衍生出其他手法，独创“脊椎复位手法”及“合共复位手法”，从传统按揉、搓揉、捏拿、分挤、屈伸、捶打、拍打等一系列单一手法过渡到复合手法，再转向双人或多人共治。此手法绵沉、连柔、劲透、整复、舒缓，针对压缩性骨折，脊椎错位、滑脱，椎间盘突出等有很好疗效。

马氏中医推拿按摩通过经络传导作用，调整脏腑组织器官的功能，从而为患者病处疏通经络、调理筋腱、活血散瘀、打通闭阻、活络关节、振奋精神、促进机体康复，达到治疗疾病的目的。再配以内服药以及伤科特制油剂、酒剂、散剂、硬膏剂等药剂，起到内外兼治的养生保健效果。

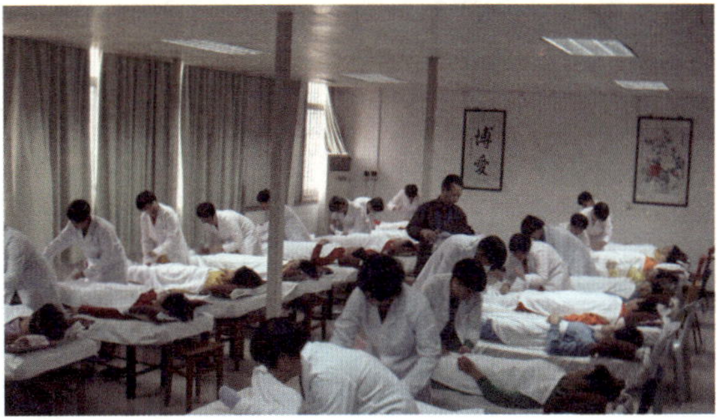

〉〉〉2022年入选市级非遗代表性项目

岭南蜂疗：借鉴典籍创新疗法　蜜蜂蜇刺防治疾病

过去，新会农村一带时常有人捉蜜蜂来叮一下自己的关节。不必诧异，这是当地人用来治疗关节疼痛最为常见的方法——蜂疗，是利用工蜂蜇刺释放出蜂毒液，再配合刺针来调节机体、防治疾病的一种治疗方法。

20世纪初期，林庆球（1902—1977）凭着祖辈们的蜂疗经验，借鉴《本草纲目》《天工开物》等典籍对蜂针治病的论述，为民众用蜂蜜、蜂巢防病治病，用蜂针针刺给民众治疗关节痛，岭南蜂疗初见雏形。

郭欢女拜师林庆球，努力钻研蜂疗法，将传统民间蜂疗法进行改革创新，选取体型较小的野生中蜂进行治疗，更适合岭南人腠理疏松、不耐受强刺激的体质。其女文洁珍，以《黄帝内经》的经络腧穴理论为指导，逐步将岭南蜂疗规范化、系统化，在五邑中医院开展岭南蜂疗临床应用，不断扩大蜂疗的治疗范围并提高临床疗效。以蜜蜂蜇刺治疗疾病，想想就觉得疼，幸而文洁珍的学生成永明独创无痛蜂疗法，患者在接受蜂疗法时仅感受到微痛甚至感觉不到痛。该疗法也被命名为“岭南蜂疗”。

目前，岭南蜂疗已发展出蜜蜂养殖技术、高浓度蜂毒蜜点涂疗法、熊胆型蜂毒蜜点涂疗法、超高浓度蜂毒蜜外用法、专用蜂疗盒制作技术、蜂针临床应用技术、含蜂蜜中药膏剂制作技术、含蜂蜜中药散剂制作技术等八大技术。

〉〉〉2022年入选市级非遗代表性项目

蔡李佛医药：武医兼修通经络　跌打损伤有高招

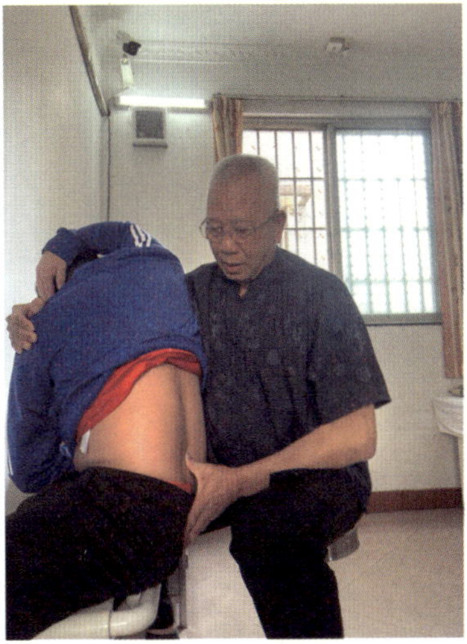

医武同源，武功高强的人大多懂医术，尤其是医治跌打损伤。蔡李佛医药来自蔡李佛拳派，是岭南近代一大跌打伤科医派，主要分布于中国两广地区、港澳地区以及东南亚各国。

陈享（1806—1875），广东新会京梅人，7—29岁先后拜陈远护、李友山和少林还俗和尚蔡福为师，修习武术及医术。他学成后返新会，于道光十六年（1836年）在家乡开办武馆传播拳术，在县城开设“永胜堂”药店行医。其间他总结多年所学，钻研辑录传统医药学心得，编写武术训练教材。为纪念三位恩师，陈享将武术、医药著作命名为“蔡李佛”。

不久，陈享应清朝钦差林则徐邀请，往广州负责训练禁烟水勇。鸦片战争失败后，陈享重回新会，加强对门人的培训。1842年陈享派出100多名男女弟子分赴两广各地开设44间武馆及带“胜”字号的药店。太平天国运动的著名领导人冯云山，就是他的弟子。

蔡李佛武馆以蔡李佛医药为依托，武馆面向广大底层民众，低收费或不收费。各地正副馆主靠药店维持日常生活和开支，他们由新会京梅的总馆进行调配，组织比较严密。

掌握蔡李佛医药的是武师，他们武医兼修，长期“养气”“练气”“调息运气”，擅长运行内力，常用气功治疗的理念把经络打通，将发气、导引、按跷、推拿与药物治疗配合，提升患者的免疫力和自我修复能力。

〉〉〉2020 年入选县（市、区）级非遗代表性项目

余氏针刺三法：
针法源自《黄帝内经》　数代传承历时百年

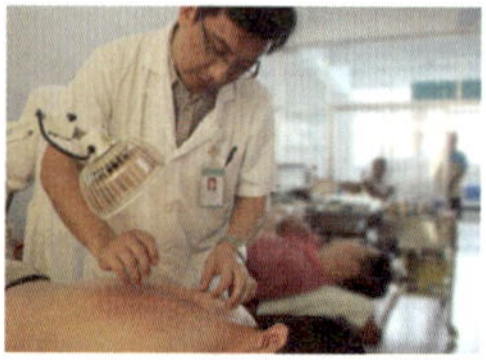

针刺三法源于《黄帝内经》，经历了数代人逾百年的传承与创新。黄石屏是清末民初的针灸大家，其针技精湛，晚年所著《针灸诠述》蕴含了"针刺三法"的雏形。

"余氏针刺三法"针灸理法体系是以江门市名中医余伯亮教授为代表的一脉经数代传承、完善的针灸学术经验与实践体系，是五邑地区针灸学术具有代表性的流派。2017年，全国名老中医药专家传承工作室落户江门市五邑中医院康复科，余伯亮弟子、康复科主任林海波博士带领传承团队对针刺三法学术思想及临床经验进行系统挖掘、整理、传承和推广。

〉〉〉2021 年入选县（市、区）级非遗代表性项目

开平邓氏正筋手法：
传承清朝古法精要　刚柔相济理疗筋伤

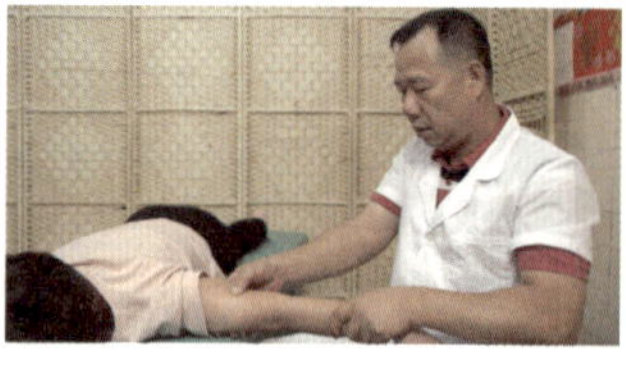

传承了清朝"宫廷理筋术"之精要的开平邓氏正筋手法，为中医传统骨伤学科的一个分支，是一种用于理疗筋伤的非药物自然疗法，享誉开平已百余年。

开平邓氏正筋手法有自身独特的理论体系和完整的保健法则，以轻、巧、透、刚柔相济为特点，对筋脉损伤、筋脉错位、肌肉牵拉、关节变形等症，以及慢性损伤的劳损、肌肉萎缩、关节僵化等，具有极佳保健作用。其手法主要含"摸、拉、按、揉、拿捏、肘压、震"等，理疗时间短，痛苦小，功能恢复好，因此广受欢迎。

第五章　嗅觉

古往今来，人们对追求嗅觉上的享受乐此不疲——数千年前我们的祖先已经开始用香，古时最流行的饰品就有香囊，在宋代“焚香”被归为四雅之一；在美食烹制中，不断精进的技法往往会赋予食物独具个性的香气，一道美食上桌，感官上嗅觉往往先于味觉，令人食指大动的首先就是食物的“香气”。

嗅觉是最容易唤起记忆的感官，气味虽是虚无缥缈的，却总会在脑海中勾起某一具象事物。如木质香气，让人瞬间联想到令人心旷神怡的小冈香；豆类发酵而成的酱香味，总能令人想起儿时垂涎的那碗面豉酱蒸五花肉……每一种嗅觉都有着专属于自己的记忆。

〉〉〉2013年入选省级非遗代表性项目

小冈香制作技艺：
手工搓香一气呵成　技艺延续六百多年

在新会区小冈镇北水村，数米高的路牌上写着数十个香厂、香庄的名号，整齐排列，蔚为壮观。打开车窗，扑面而来的木质香气，令人心旷神怡。

香是文人墨客生活中的“风雅之物”，也是庙堂社稷中的“座上常客”，在古时还充当计时的工具。小冈香制作技艺历史久远，行内人称其源于明代，有600多年历史。小冈天台是小冈香的发源地。

出生于新会区小冈镇天台乡北水村的戴铁锚，8岁跟父亲学做小冈香，10来岁开始以制香为生，30岁盘下村中最大的村办制香企业，67岁成为省级非遗传承人。戴铁

锚介绍，天台曾是“公仔戏之乡”，演出必定焚香祭台，所用神香从购买到自制“手搓香”，引发当地成行成市制售神香。

小冈工艺香以传统手工为主，小冈人多习手工搓香技艺，世代传承。其制香环节包括打粉、配粉、搋粉、做香骨、搓香、晒香、铡香、染香脚、包装等。由于靠手工匀力搓压，密度比机械制作的低，因此在加工过程中无须加入助燃剂，使用纯天然植物原料，燃烧过程中也不易中途熄火。

如今小冈制香企业多达400多间，形成仓前香业一条街和南水、北水制香园区。2013年，小冈香制作技艺被列入第五批省级非物质文化遗产名录。现在，戴铁锚的长子戴华进继承了他的衣钵，并在2014年成为江门市级第三批代表性传承人。

〉〉〉2012年入选省级非遗代表性项目

腐乳酿造技艺（广合腐乳酿造技艺）：一方豆腐别具风味 “中国奶酪”情牵海外

鲜亮杏黄的腐乳，质地软糯，咸鲜微甜，一小块腐乳送下一碗米饭绝不在话下。腐乳不仅是中国人饭桌上常见的佐餐下酒食物，还能用来制作菜肴，不少老外尝过后也是赞不绝口，称之为“中国奶酪”。腐乳有南北派之别，而南派腐乳中，广合腐乳是佼佼者。

开平生产广合腐乳，始于清光绪十九年（1893年）。当年开平塘口镇黄村乡人方守傥与儿子方文帜在开平水口镇开了一间腐乳作坊，到1933年，方文帜的儿子方富燊继承父业。1943年，日军逼近开平，方富燊将腐乳店迁回开平塘口圩继续经营。

1945年8月，抗日战争结束后，腐乳店又迁回开平水口圩营业，并将积压存放了一年多的100多缸腐乳出售。这批腐乳质量本来就比较好，加上保存时间较长，气味特别芬芳醇香。当时港澳客商来往频繁，凡路过水口的，回去时大多都会购买广合腐乳。从此，广合腐乳畅销于香港、澳门。

广合腐乳酿造技艺包括选豆、浸豆、磨豆、煮浆灭菌、滤浆、点浆、压榨、排块接种、前期发酵、腌制、后期发酵等多道工序。无论是选料还是制作，方富燊必定亲力亲为，不管严寒酷热，都把好腐乳发酵这一关。在长期实践中，他培育出纯正的根霉菌。他很重视酿造时间，有时产品脱销，宁可贴出“旧货未有”的告示，也决不随意将未到期的腐乳出售。

随着五邑先辈下南洋、闯欧美，一块小小的腐乳，浓缩着海外华侨对家乡的思念和牵挂。

腐乳酿造技艺
（广合腐乳酿造技艺）

〉〉〉2012 年入选省级非遗代表性项目

东古牌系列酱料制作技艺：
豆豉干透油重水少　面豉酱香飘百余年

古劳面豉在鹤山已流传百年，面豉酱蒸五花肉也是鹤山人从小吃到大的菜式，寻常百姓家放在米饭上一同蒸熟，五花肉的油汁混杂着面豉酱的咸香沁到米饭中，令人食欲大振。

鹤山人有多爱面豉酱？当地人口约54万，但以古劳面豉及酱油为代表的东古系列酱料，在鹤山一地的年销售额就达到了2700万元，成为当之无愧的“鹤山味道”。不仅如此，古劳面豉还远销美洲、东南亚等地。鹤山出生的篮球运动员易建联，曾在曼哈顿的超市里遇到同乡球迷。当时，球迷掏出一罐古劳面豉，请易建联在上面签名，易建联欣然应允。小小的酱料，更是他乡遇故人的见证。

东古牌系列酱料制作技艺项目市级代表性传承人任权泮介绍，古劳的酱料历史可以追溯到清代。本地优质的豆类、温暖湿润的气候以及良好的水源为酱料制作提供了有利条件。1850年，杨氏商人在古劳创办调珍酱园，制作的面豉与酱油风味独特，畅销珠三角地区。1956年调珍酱园由公私合营改为国营，改名“调珍酱油厂”，20世纪90年代改制，于2001年成立鹤山市东古调味食品有限公司。

任权泮自60年代末进入国营调珍酱油厂工作后，得到老师傅的倾力传授，并带领员工不断对传统制作工艺进行改进和创新。古劳面豉以家乡的味道连接起故乡与五邑华侨的心，东古至今坚持采用传统技法酿制，将这份流传百年的风味传承下去。

〉〉〉2022 年入选省级非遗代表性项目

蚝油制作技艺：
机缘巧合炼出秘方　香气扑鼻行销海外

蚝油能迅速提升食物的鲜味及香气，并赋予食物光泽，令菜肴味道层次更丰富。时至今日，蚝油销往100多个国家和地区，享誉全球，促进了中外饮食文化的交流融合。

蚝油的诞生其实源于一次“意外”。1888年，祖籍广东新会七堡的李锦裳在珠海南水镇开设了一家小茶寮兼煮蚝出售维持生计。一天，他煮蚝时因忙于工作，忘了关炉火，没想到炉灶传来浓烈的香味，本该是奶白色的蚝豉汁变成一层沉于锅底、色泽棕褐的浓稠液体，香气扑鼻，味道鲜美，蚝油就这样意外熬制而成，李锦裳也由此创

建了李锦记蚝油庄。

1902年南水镇几近被烧毁，李锦裳带着家人迁往澳门重开李锦记蚝油庄。1920年，家族第二代传承人李兆南开始把蚝油销往美国，开拓海外市场。第三代传承人李文达心怀桑梓情回归家乡新会七堡，于1996年创建李锦记集团。

李锦记不断改进革新蚝油制作，引入先进设备让蚝油制作的后期步骤更自动化，蚝油的风味质量更稳定。但从鲜蚝制成蚝汁的过程，李锦记始终坚持沿用祖传秘方及传统煮蚝工艺。

李锦记重视非遗保护，在新会生产基地兴建蚝油技艺手工作坊以提供传统技艺展示场地，还原手工制作蚝油的过程，推广蚝文化及制作蚝油的传统工艺。

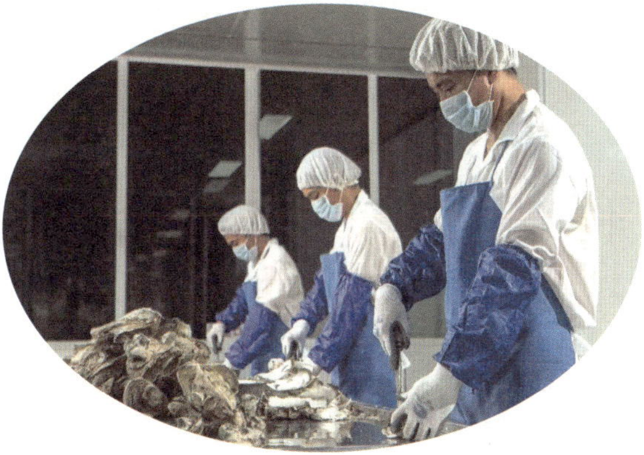

〉〉〉2022 年入选市级非遗代表性项目

台山蚝油制作技艺：
1吨生蚝熬出75公斤蚝油　原汁原味蚝香馥郁

台山的镇海湾水域咸淡水交汇，其中的生蚝个体肥壮、色泽乳白、肉质嫩美可口，是蚝中珍品。台山蚝油是以本地生蚝为原材料熬制而成的一种鲜味调料，味道鲜美，蚝香浓郁，营养价值高。

清嘉庆年间，台山人就采摘野生鲜蚝并利用石块培植鲜蚝。在经年累月的生活实践中，发现生蚝经长时间熬煮后会变成浓厚的稠汁，味道鲜美且可以长时间保存，于是就有了蚝油。

冬至到清明是制作蚝油的最佳时期。台山蚝油制作采用柴火作燃料和大铁锅熬

制，保留原始风味。人们从海边蚝田取蚝上岸后，在岸边手工开蚝壳。开壳时，不能把壳打碎，要保证开取出来的生蚝完整且不带壳碎片。接着，将鲜生蚝运回加工场，用网袋装住生蚝在清水中涮几十分钟，清洗干净后，再把最肥美的生蚝挑选出来，用于熬制蚝油。

熬制时，先在锅中放入少许清水，用木柴作燃料，大火烧至水开。随后放入约50公斤鲜生蚝。半小时后将煮熟的生蚝捞出，余下的蚝汁过滤后用慢火熬制。熬制过程要有专人掌握火候，每隔一段时间用铁铲翻锅底，以防烧焦。大约经过十几个小时，锅里的水分逐渐蒸发，蚝水慢慢变成棕色的蚝汁，变成蚝油的半成品。

蚝汁沉淀半天，咸鲜味在空气中弥漫，此时真正的蚝油才被浓缩提炼出来，原汁原味，蚝香馥郁。一般1吨的生蚝才可以熬出75公斤左右的蚝油。

〉〉〉2022 年入选市级非遗代表性项目

川岛虾酱制作技艺：
日晒三周发酵三月　虾味浓郁开胃健脾

台山市川岛镇，由中国第二大群岛川山群岛组成，依托漫长的海岸线，成为天然鲜味的生产基地，每年毛虾产量高达10万吨。用天然毛虾制作的虾酱，成了川岛的一大特色。

渔民出海捕鱼时捕捉到的小鱼小虾没有市场。18世纪末，为了不浪费每一次出海捕捞的成果，一位岛民将捕捞回来的小毛虾剁烂随便撒了把盐，顺手放在太阳底下，经过日晒和自然发酵，虾酱慢慢散发出独特的咸香，于是有了川岛虾酱。

为使虾酱咸味更适中，香味更丰富，川岛居民经过认真钻研，最终探索出一套独特的制作工艺。

每年的8—11月是制作虾酱的最佳时期。渔民出海归来，挑去虾苗中的鱼蟹，然后按每10斤虾苗配8两食盐的比例将虾苗和食盐浸入瓦盆中，用木棒捣碎搅拌。一天后，把酱盆置于室外以日晒加温促进成熟。瓦盆必须罩上透气的网纱，防止日光直照

过热导致虾酱易干、不能充分发酵，也避免尘沙杂物混入。

日晒期间，一天最少用木棒翻动虾酱8次，翻动时必须上下搅匀，这也是至关重要的“瓦盆摇晒”步骤。经过三个星期的连续日晒，虾酱晾晒和自然发酵基本完成，然后将其储存到大桶里三个月，压紧抹平，以促进虾酱继续分解，发酵均匀。发酵完成的虾酱呈紫红色、黏稠状，散发出浓郁的鲜虾味，有开胃健脾、增强食欲的保健作用。

〉〉〉2022年入选市级非遗代表性项目

张桥豆豉制作技艺：
颗粒适中乌黑油润　豉肉松软余味绵长

开平市龙胜镇张桥豆豉起源于19世纪末，当时开平龙胜有石桥英栈和调合两间豆豉厂。1910年，身为新兴人的许四进入调合豆豉厂工作，学习了制作豆豉的技艺。之后许四转到石桥英栈豆豉厂工作。1944年，张松作为地道的张桥乡人，进入石桥英栈豆豉厂跟随许四学艺。1982年退休之后，张松便在家里开了制作豆豉的作坊。

张松的儿子张活芬，从8岁就跟在父亲张松身边，耳濡目染，掌握了制作豆豉的方法。2019年，张活芬成立了张桥豆豉加工厂。

张桥豆豉沿用传统发酵方式，历经选豆、清洗、蒸煮、冷却、制曲发酵、洗豉、沥干、拌盐、装罐、二度发酵、晾晒、成品12道繁复工序，耗时60多天精制而成。比如选豆工序，就要根据不同的用途选用不同的豆子：蒸鱼豆豉要精选大颗粒

黑豆，炒肉豆豉精选小颗粒黑豆，蒸肉豆豉精选颗粒适中的黄豆。

张桥豆豉外形乌黑油润，皮薄肉多，豉肉松软，味道鲜美，尝一口浓香醇厚，余味绵长。张桥豆豉的制作方法具有传统技艺的特色，具备了药用、经济等多方面的丰富价值，也成了人们沟通乡情的纽带。

〉〉〉2021 年入选市级非遗代表性项目

台山米酒酿制技艺：以优质大米为原料 蜜香清雅入口绵甜

中国白酒有12种香型，其中的米香型白酒，俗称米酒或烧酒，多产于两广和两湖地区。广东米酒源远流长，如台山米酒的历史就可以追溯到明清时期。

台山米酒属于小曲米香型白酒，以优质台山大米为原料，以小曲为糖化发酵剂，经过固态培菌糖化、半固态发酵、蒸馏，有着“蜜香清雅、入口绵甜、落口爽净、回味怡畅”的特点。

台山米酒传统技艺都是人工完成：精选大米—蒸饭—摊凉—配曲—固态培菌糖化—加水发酵—后期发酵—蒸馏—分级储存—勾兑—装瓶包装—成品。其中蒸饭的火候、配曲的多少、发酵的控制等，全凭酿酒师傅的经验和控制，是一门典型的手工技艺。

一直以来，台山米酒秉承传统技艺，坚持手工制作，入口醇和。在台山，每逢男

婚女嫁，一定要准备台山米酒敬亲友，叫“担酒”，其他风俗仪式，也总有台山米酒的身影。因此，台山米酒一直深受海内外台山人的喜爱。

1958年，广东台山县酒厂创办，掀起了台山米酒办厂高潮。20世纪80年代，经过龙涛酒厂创始人伍超和以及一批从业人员的钻研，台山米酒的酿制技艺得到继承和发展。近年来，随着生产工艺的改进，龙涛酒厂在传统米酒的基础上，开发出了水果酒、保健酒等，逐渐成为行业龙头。龙涛米酒也从深耕台山到走出五邑、畅销省内外，声誉日隆。

〉〉〉2022 年入选市级非遗代表性项目

临潮米酒酿制技艺：
酿酒秘方世代相传　村中小巷酒香扑鼻

临潮米酒酿制技艺，是新会区的地方传统技艺，主要传承于新会区三江镇临潮村一带。

酿酒为临潮传统，清乾隆年间是由临潮村民始创。鼎盛时期，当时临潮村开设了9间酿酒作坊，酿酒蔚然成风，随便走进一条小巷，都能闻到或浓或淡的酒香。酿酒秘方世代相传，临潮村渐渐演变成为扬名五邑地区的“酿酒村”。

临潮酒厂设在三江镇临潮村，原称“临潮蒸酒铺”，创建于清末。临潮米酒醇香可口，闻名遐迩。新会人无论是喜庆盛宴，还是祭祖扫墓，临潮米酒从未缺席，深受群众喜欢。

临潮米酒聘请外地著名酿酒师傅指导，生产工艺繁复，由选米到销售有几十个

流程。主要概括为六道工序：选米—煮饭—混饼—发酵—蒸酒—储存。临潮米酒酿制坚持选用临潮盛产的优质稻米，烧柴煮饭，锅盖揭开后，饱满的米饭混合着柴火的熏香。

临潮米酒在传承中进一步弘扬传统酿制工艺，创新研制了火龙果酒、糯米酒、玉冰烧、山黄皮酒等十多个品种，远近驰名。该厂酿酒技术代代相传，既继承传统之精制技巧，又不断创新。

近年，为适应市场需求，方便顾客携带，临潮米酒将原旧式埕装改为瓶装，酒瓶轻便美观，进入市场后，广受欢迎。不少华侨、港澳同胞慕名而来，购买几瓶带回馈赠亲友，共品家乡米酒，别有一番情趣与风味。

〉〉〉2007 年入选县（市、区）级非遗代表性项目

鹤城客家黄酒：
糯米酿酒增香增味　蒸鱼炖肉“最佳伴侣”

客家人炒菜、蒸鱼、炖肉，爱添上一点黄酒，甚至媳妇在坐月子的时候，也一定要吃“鸡酒”（黄酒炒鸡俗称鸡酒）。客家黄酒可去除食材原料中的腥味、杂味，并起到增香、增味的作用，适当饮用能提神、开胃。

一般100斤糯米可以酿出约25斤黄酒，制作程序讲究细致：挑选糯米、清洗、浸泡、蒸煮、撒曲入缸、封缸灭菌、储藏发酵……客家老话说：“酿酒做豆腐，无人敢称老师傅。”即便做了几十年黄酒的酿酒师傅也不敢大意。

鹤山客家人酿造客家黄酒有近300年的历史，并将酿酒技艺以“言传身教”的家传方式传承下来。

〉〉〉2022 年入选县（市、区）级非遗代表性项目

山黄皮果酒：
“三蒸三晒”果香浓郁　消食健胃化痰平喘

作为蓬江棠下、良溪最传统的土特产，山黄皮果酒已有100多年的历史。光绪十二年（1886年），罗汝荣到广西学习制酒技艺，调制出地道的山黄皮果酒，并将制作方法传授给儿子罗枝华。经多年的研究、改良，罗枝华调制出玫瑰花和果香味的山黄皮果酒。

山黄皮果酒制作分别有干果浸泡和鲜果浸泡两种，酒香味道各有不同。干果浸泡需要采用成熟的鲜果，用柴火蒸焗、晒干。“三蒸三晒”后的山黄皮果干充分发酵，内部糖质变化，封存六个月后果香浓郁。山黄皮果酒具有消食健胃、化痰平喘、疏风解表、祛风湿等作用。如今，山黄皮果酒也是乡村振兴、一村一品的典型代表。

附录　江门市各级非物质文化遗产代表性项目名录

江门市非物质文化遗产代表性项目【国家级】

序号	项目名称	项目类别	属地
1	白沙茅龙笔制作技艺	传统技艺	市直
2	龙舞（荷塘纱龙）	传统舞蹈	蓬江区
3	蔡李佛拳	传统体育、游艺与杂技	新会区
4	新会葵艺	传统美术	新会区
5	中药炮制技艺（新会陈皮炮制技艺）	传统医药	新会区
6	广东音乐	传统音乐	台山市
7	抬阁（芯子、铁枝、飘色）（台山浮石飘色）	民俗	台山市
8	灯会（泮村灯会）	民俗	开平市

江门市非物质文化遗产代表性项目【省级】

序号	项目名称	项目类别	属地
1	珠玑巷人南迁传说（珠玑巷移民落籍良溪传说）	民间文学	蓬江区
2	宫灯制作技艺（江门东艺宫灯制作技艺）	传统技艺	蓬江区
3	罗氏柑普茶制作技艺	传统技艺	蓬江区
4	庙会（洪圣庙会）	民俗	蓬江区
5	赛龙舟（礼乐龙舟）	民俗	江海区
6	崖门海战流传故事	民间文学	新会区
7	陈梦吉故事	民间文学	新会区
8	广式硬木家具制作技艺（新会古典家具制作技艺）	传统技艺	新会区
9	小冈香制作技艺	传统技艺	新会区
10	蚝油制作技艺	传统技艺	新会区

（续表）

序号	项目名称	项目类别	属地
11	烧腊制作技艺（新会古井烧鹅制作技艺）	传统技艺	新会区
12	台山九人排球	传统体育、游艺与杂技	台山市
13	广式硬木家具制作技艺（台山大江传统家具制作技艺）	传统技艺	台山市
14	海宴冬蓉制作技艺	传统技艺	台山市
15	开平民歌	传统音乐	开平市
16	灰塑（开平灰塑）	传统美术	开平市
17	金声狮鼓制作技艺	传统技艺	开平市
18	腐乳酿造技艺（广合腐乳酿造技艺）	传统技艺	开平市
19	狮舞（狮艺）	传统舞蹈	鹤山市
20	咏春拳	传统体育、游艺与杂技	鹤山市
21	东古牌系列酱料制作技艺	传统技艺	鹤山市
22	陈山香火龙习俗	民俗	鹤山市
23	端午节（古劳三夹腾龙）	民俗	鹤山市
24	鹤城客家花炮会	民俗	鹤山市
25	恩平民歌	传统音乐	恩平市
26	茶坑石雕刻技艺	传统技艺	恩平市

江门市非物质文化遗产代表性项目【市级】

序号	项目名称	项目类别	属地
1	粤剧	传统戏剧	市直
2	潮连芝山纱龙	传统舞蹈	蓬江区
3	周家拳	传统体育、游艺与杂技	蓬江区
4	棠下白眉拳	传统体育、游艺与杂技	蓬江区
5	蔡李佛拳（蓬江雄胜蔡李佛拳）	传统体育、游艺与杂技	蓬江区
6	南派佛家拳	传统体育、游艺与杂技	蓬江区
7	卢艺鹿角椅制作技艺	传统技艺	蓬江区
8	江门蛋雕制作技艺	传统技艺	蓬江区
9	岭南蜂疗	传统医药	蓬江区
10	狮舞（江海佛装狮艺）	传统体育、游艺与杂技	江海区
11	外海太虚拳	传统体育、游艺与杂技	江海区
12	麻二佛家拳	传统体育、游艺与杂技	江海区
13	外海面制作工艺	传统技艺	江海区
14	礼乐梁氏传统木雕制作技艺	传统技艺	江海区
15	外海生恭鲤鱼手工艺品	传统技艺	江海区
16	台山玉石雕刻技艺（江海）	传统技艺	江海区
17	刘氏铜木镶嵌传统制作技艺	传统技艺	江海区
18	大鳌咸水歌	传统音乐	新会区
19	冈州古琴艺术	传统音乐	新会区
20	三江龙乡游龙	传统舞蹈	新会区
21	司前金龙	传统舞蹈	新会区
22	新会鱼灯	传统技艺	新会区
23	双水山地风筝	传统技艺	新会区
24	大有凉果制作技艺	传统技艺	新会区

（续表）

序号	项目名称	项目类别	属地
25	明式圈椅制作技艺	传统技艺	新会区
26	冈州古琴斫制技艺	传统技艺	新会区
27	临潮米酒酿制技艺	传统技艺	新会区
28	大泽糍仔制作技艺	传统技艺	新会区
29	蔡李佛医药	传统医药	新会区
30	石板沙黄沙蚬烹饪技艺	传统技艺	新会区
31	赛龙舟（大泽龙舟）	民俗	新会区
32	司前龙舟习俗	民俗	新会区
33	双水蕉树龙	民俗	新会区
34	台山民歌	传统音乐	台山市
35	佛家拳	传统体育、游艺与杂技	台山市
36	台山黄鳝饭制作技艺	传统技艺	台山市
37	赤溪客家擂糖糊	传统技艺	台山市
38	广海咸鱼制作技艺	传统技艺	台山市
39	传统铸剑技艺	传统技艺	台山市
40	台山玉石雕刻技艺（台山）	传统技艺	台山市
41	汶村五味鹅制作技艺	传统技艺	台山市
42	川岛虾酱制作技艺	传统技艺	台山市
43	台山蚝油制作技艺	传统技艺	台山市
44	台山冲蒌编织	传统技艺	台山市
45	台山米酒酿制技艺	传统技艺	台山市
46	深井柴火豆沙制作技艺	传统技艺	台山市
47	黄氏传统锻刀技艺	传统技艺	台山市
48	台山宝塔腊味加工技艺	传统技艺	台山市
49	马氏中医推拿按摩	传统医药	台山市

（续表）

序号	项目名称	项目类别	属地
50	广海打龙船	民俗	台山市
51	台山汶村庙会	民俗	台山市
52	跳禾楼	民俗	台山市
53	开平卖鸡调	曲艺	开平市
54	开平民间杂技	传统体育、游艺与杂技	开平市
55	玉石花盆景传统制作	传统美术	开平市
56	镇濠泥鸡制作技艺	传统技艺	开平市
57	塘口家糍制作技艺	传统技艺	开平市
58	金漆彩石镶嵌传统制作技艺	传统技艺	开平市
59	司徒浩毛笔	传统技艺	开平市
60	马冈鹅繁育	传统技艺	开平市
61	马冈竹器	传统技艺	开平市
62	马冈牛皮制作技艺	传统技艺	开平市
63	开平疍家菜制作技艺	传统技艺	开平市
64	开平疍家双晒鲮鱼干制作技艺	传统技艺	开平市
65	赤坎煲仔饭烹饪技艺	传统技艺	开平市
66	马冈凉粉制作技艺	传统技艺	开平市
67	马冈烧味制作技艺	传统技艺	开平市
68	张桥豆豉制作技艺	传统技艺	开平市
69	洪玄堂龟苓膏制作技艺	传统技艺	开平市
70	大沙茶制作技艺	传统技艺	开平市
71	张桥庙会	民俗	开平市
72	护龙村舞火龙传统活动	民俗	开平市
73	楼冈网墟	民俗	开平市
74	赛龙舟（水口龙舟）	民俗	开平市

（续表）

序号	项目名称	项目类别	属地
75	圣母游巷	民俗	开平市
76	址山龙湾龙舟	传统体育、游艺与杂技	鹤山市
77	鹤山狮头制作技艺	传统技艺	鹤山市
78	古劳鱼皮角	传统技艺	鹤山市
79	黄洞米点	传统技艺	鹤山市
80	龙口牛肉制作技艺	传统技艺	鹤山市
81	鹤山红茶制作技艺	传统技艺	鹤山市
82	紫丹苏陶制作技艺	传统技艺	鹤山市
83	鹤城客家花生加工技艺	传统技艺	鹤山市
84	玉桥民间传统艺术节	民俗	鹤山市
85	竹朗金龙（洪圣打醮）习俗	民俗	鹤山市
86	古劳麦水敕力诞习俗	民俗	鹤山市
87	恩平木鱼	曲艺	恩平市
88	恩平烧饼	传统技艺	恩平市
89	恩平濑粉	传统技艺	恩平市
90	簕菜茶制作	传统技艺	恩平市
91	恩平裹粽制作技艺	传统技艺	恩平市
92	恩平歇马励学制	民俗	恩平市

江门市非物质文化遗产代表性项目【县（市、区）级】

序号	项目名称	项目类别	属地
1	潮连民间传说	民间文学	蓬江区
2	白沙古琴艺术	传统音乐	蓬江区
3	潮连火龙	传统舞蹈	蓬江区
4	梁家拳	传统体育、游艺与杂技	蓬江区
5	广式散打	传统体育、游艺与杂技	蓬江区
6	赵传杨氏太极拳（江门）	传统体育、游艺与杂技	蓬江区
7	抢花炮	传统技艺	蓬江区
8	潮连铜虾制作技艺	传统技艺	蓬江区
9	潮连酿鱬制作技艺	传统技艺	蓬江区
10	杜阮凉瓜外婆茶制作技艺	传统技艺	蓬江区
11	荷塘煎鱼饼	传统技艺	蓬江区
12	荷塘冲菜制作技艺	传统技艺	蓬江区
13	大理石画制作技艺	传统技艺	蓬江区
14	手冲姜撞奶制作技艺	传统技艺	蓬江区
15	米团糍制作技艺	传统技艺	蓬江区
16	山黄皮果酒	传统技艺	蓬江区
17	白沙铜艺制作技艺	传统技艺	蓬江区
18	尖尾芋头茶制作技艺	传统技艺	蓬江区
19	余氏针刺三法	传统医药	蓬江区
20	岭南膏方	传统医药	蓬江区
21	荷塘霞村天后庙会	民俗	蓬江区
22	荷塘镇为民村乞巧节	民俗	蓬江区
23	龙溪诗词	民间文学	江海区
24	传统大头佛表演套路	传统舞蹈	江海区

（续表）

序号	项目名称	项目类别	属地
25	礼乐脱脂鱼干制作技艺	传统技艺	江海区
26	礼乐腊味制作技艺	传统技艺	江海区
27	外海花生饼手工制作技艺	传统技艺	江海区
28	礼乐民谚	民俗	江海区
29	李氏猪脚姜制作技艺	传统技艺	江海区
30	钟氏陈皮白茶制作技艺	传统技艺	江海区
31	沙堆八音锣鼓	传统音乐	新会区
32	沙堆狮艺	传统舞蹈	新会区
33	舞熊罴	传统舞蹈	新会区
34	会城粤曲	曲艺	新会区
35	司前木板年画	传统美术	新会区
36	新会木版神祃	传统美术	新会区
37	茅龙笔书法	传统美术	新会区
38	清式屏风制作技艺	传统技艺	新会区
39	镶理石五围屏宝座制作技艺	传统技艺	新会区
40	云龙宝座制作技艺	传统技艺	新会区
41	南官帽椅制作技艺	传统技艺	新会区
42	五足内卷圆香几制作技艺	传统技艺	新会区
43	新会柑茶制作技艺	传统技艺	新会区
44	荀记腊味制作技艺	传统技艺	新会区
45	陈皮龟苓膏配制技艺	传统技艺	新会区
46	田心腊鸭制作技艺	传统技艺	新会区
47	司前温蛋卤制技艺	传统技艺	新会区
48	司前油艇仔制作技艺	传统技艺	新会区
49	三江牛耳壳制作技艺	传统技艺	新会区

（续表）

序号	项目名称	项目类别	属地
50	重阳圭峰登高习俗	民俗	新会区
51	同和客家闹元宵	民俗	新会区
52	大鳌水上迎亲	民俗	新会区
53	台山曲艺	传统音乐	台山市
54	赤溪客家山歌	传统音乐	台山市
55	海侨东南亚风情舞	传统舞蹈	台山市
56	舞狮	传统体育、游艺与杂技	台山市
57	雷仁生飞龙虎棍	传统体育、游艺与杂技	台山市
58	洪拳	传统体育、游艺与杂技	台山市
59	海宴汶村书画	传统美术	台山市
60	传统中式手绘仿古墙纸技艺	传统技艺	台山市
61	台山红毛泥雕艺	传统技艺	台山市
62	台山白云茶制作技艺	传统技艺	台山市
63	水步山口圩牛肉节	民俗	台山市
64	舞草龙	民俗	台山市
65	诗伯状元与《梅花百咏》的故事	民间文学	开平市
66	马山的传说	民间文学	开平市
67	状元山的来由	民间文学	开平市
68	水井民歌	传统音乐	开平市
69	杜冈冲澄龙舟	传统体育、游艺与杂技	开平市
70	开平壁画	传统美术	开平市
71	赤坎豆腐角	传统技艺	开平市
72	潭碧冬瓜	传统技艺	开平市
73	马冈濑粉	传统技艺	开平市
74	开平邓氏正筋手法	传统技艺	开平市

（续表）

序号	项目名称	项目类别	属地
75	禾草灰咸鸭蛋传统制作技艺	传统技艺	开平市
76	开平火蒜鸡仔饼制作技艺	传统技艺	开平市
77	开平木雕	传统技艺	开平市
78	塘口糍花制作技艺	传统技艺	开平市
79	舞草龙	民俗	开平市
80	赤坎大梧火龙	民俗	开平市
81	三埠石海烧塔	民俗	开平市
82	客家山歌	传统音乐	鹤山市
83	钱塘彩龙	传统舞蹈	鹤山市
84	桃源社日	传统舞蹈	鹤山市
85	鹤城腐竹	传统技艺	鹤山市
86	鹤城客家黄酒	传统技艺	鹤山市
87	靖村竹编技艺	传统技艺	鹤山市
88	源广和盒仔茶（甘和茶）	传统技艺	鹤山市
89	鹤城客家上灯习俗	民俗	鹤山市
90	黄洞香火龙习俗	民俗	鹤山市
91	圣堂香火龙习俗	民俗	鹤山市
92	地仙孔武德	民间文学	恩平市
93	石屋建造技艺	传统技艺	恩平市
94	偷青	民俗	恩平市
95	小儿百日	民俗	恩平市
96	“光标”庆灯	民俗	恩平市
97	七月田了节	民俗	恩平市
98	二月二节	民俗	恩平市
99	三月三节	民俗	恩平市

（续表）

序号	项目名称	项目类别	属地
100	新居入伙仪式	民俗	恩平市
101	工程兴工仪式	民俗	恩平市
102	婚庆礼饼	民俗	恩平市
103	七星狮鼓	民俗	恩平市
104	舞草龙	民俗	恩平市
105	土法黑豆沙制作技艺	传统技艺	恩平市

《五邑拾“遗”》主创团队

执行统筹

唐建丰　刘　学

主创人员

刘贤沛　吕　婧　邓君安　侯玉晓　黄滢滢　邢　燕

徐海填　陆洁颖　邓　曦　吴筱莹　梁颖岚　唐丽娜

摄　影

吴　进　关炳辉　周颂雯

部分图片由江门市文化广电旅游体育局提供

插　画

黄子君

荣誉出品

江门市文化广电旅游体育局

南方都市报社

蓬江区文化广电旅游体育局

江海区文化广电旅游体育局

新会区文化广电旅游体育局

台山市文化广电旅游体育局

开平市文化广电旅游体育局

鹤山市文化广电旅游体育局

恩平市文化广电旅游体育局

江门市非物质文化遗产保护中心